KING'S COLLEGE LONDON

MEDIEVAL STUDIES

IX

EVANGELISTA'S *LIBRO DE CETRERÍA*: A FIFTEENTH-CENTURY SATIRE OF FALCONRY BOOKS

edited by
JOSÉ MANUEL FRADEJAS RUEDA

King's College London

Centre for Late Antique and Medieval Studies

1992

ISSN 0953-217X

ISBN 0 9513085 8 0

British Library Cataloguing in Publication Data

A catalogue record for this book
is available from the British Library.

Printed on

Acid-free long life paper

by

Short Run Press

Exeter

1992

TABLE OF CONTENTS

ACKNOWLEDGMENTS

I wish to express my gratitude to all those who helped me to finish this text, but particularly to Miss Paloma Fradejas, lecturer in English for Specific Purposes at the Escuela Técnica Superior de Ingenieros de Minas, Universidad Politécnica de Madrid for her translation of most of the section devoted to Evangelista and for turning her attention from technical English to the fussy philological details of an editor; and to Dr David Hook for his editorial advice. In any case all remaining inconsistencies, mistakes, misreadings and misinterpretations are solely mine.

INTRODUCTION

A SHORT HISTORY OF THE MEDIEVAL HISPANIC FALCONRY BOOKS[1]

XIIITH CENTURY

The oldest Hispanic book on falconry was finished on the 9th of April 1250. I have demonstrated in a previous paper[2] that the so-called *Paramientos de la caza*, allegedly the work of Sancho VI of Navarra in 1180, is a forgery by Castillon d'Aspet, who published a French translation of the text in 1874.[3] Similarly, doubts must be voiced about the date of a short work written in Catalan which, under the curious form of a letter addressed to King Ptolemy of Egypt by Aquila Simacus and Theodotionis, is preserved in BNP MS 212. This MS is datable to the XIVth or XVth century, but the text itself was dated by Werth as a XIIth-century original,[4] while George Sarton, in his *Introduction to the History of Science* (Baltimore: Williams & Wilkins, 1931), attributed it to Theodorico Borgognoni, a XIIIth-century Dominican (II, 648). Antonio Pons, in his short and popularising essay *Los halcones de Mallorca en el siglo XIV* (Palma de Mallorca, 1956), says 'probablemente, a fines del siglo XIII, un

---

[1] Detailed bibliographical information on Spanish hunting research can be found in my *Bibliotheca cinegetica hispanica* (London: Grant & Cutler, 1991).

[2] José Manuel Fradejas Rueda, 'Los paramientos de la caza', *Príncipe de Viana*, 49 (Sep-Dec, 1988), 741-74.

[3] *Règlements sur la chasse en général par don Sancho le Sage, roi de Navarra, publiés en l'année 1180.* Avec introduction et notes du traducteur, H. Castillon d'Aspet (Paris: Auguste Goin, 1874).

[4] H. Werth, 'Altfranzösische Jagdlehrbücher nebst Handschriftenbibliographie der abendländischen Jagdlitteratur überhaupt', *ZRP*, 12 (1888), 162.

mallorquín que se intitula "G. Correger de Mayorca aprenent en l'art de cirurgia" vertía del latín "en romans catalanesc" *Lo llibre del nudriment e de la cura dels ocells, los quales pertanyen a cassa*' (p. 14). But he does not prove his case. Lupis and Panunzio, in their recent edition,[5] think that the Catalan text must have a Latin ancestor; but they are unable to date the Catalan version, and content themselves saying that it can be ascribed to 'l'època més antiga'. They do not notice, however, that the Latin text contains material not present in the text they are editing.

Nevertheless, what is certain is that the oldest work, at the moment, is the *Libro de los animales que cazan*, normally known as the *Book of Moamín*. It is a direct Castilian version of Muḥammad ibn ʿAbdallāh ibn ʿUmar al-bayzār's *Kitāb al-ŷawāriḥ*.[6] The translation was apparently made under the aegis of Prince, later King, Alfonso the Wise, in 1250.[7]

This Castilian version has come down to us in two different MSS: BNM Reservado 270 and Escorial V.II.19, plus 58 chapters that have found their way into the *Tratado de cetrería* that I shall be discussing later on.

It is one of the densest works on falconry that I have come across in any vernacular language. It is made up of five treatises of varying

---

[5] Antonio Lupis and Saverio Panunzio, '*La pistola a Tolomeu emperador d'Egipte* en la tradició venetòria medieval romànica i l'estructura epistolar del gènere venatori', *Estudis de llengua i literatura catalanes*, 15 (1987), *Miscel·lània Antoni Badia i Margarit*, 7 Barcelona: Publicaciones de l'Abadia de Montserrat, 1987), pp. 13-53.

[6] The only readable edition available is *Libro de los animales que cazan*, ed. José Manuel Fradejas Rueda, Biblioteca Cinegética Española, 20 (Madrid: Casariego, 1987), though it has some misreadings and misprints.

[7] Some voices have claimed that it cannot be ascribed to Alfonso the Wise's aegis. The problem is that the very same proofs that in December 1986 were used to say it was Alfonsine (Anthony J. Cárdenas, '*Libro de las animalias que caçan*: Is it Alfonso X's?', *La Corónica*, 15:1 (1986-87), 85-86), in 1987 were used against such patronage (Anthony J. Cárdenas, 'A Medieval Spanish Version of the *Book of Moamin*: Observations on Date and Sponsorship', *Manuscripta*, 31 (1987), 166-80).

length, with two main themes: (1) hunting birds, books 1 to 3, and (2) 'animalias que caçan por sos dientes', i. e. hunting dogs and quadrupeds alike, books 4 and 5. At the same time the two main sections can be divided into another two: (a) description, precepts to choose the best individuals, bring them up, tame and train them (books 1 and 4), and (b) their ailments, how they should be healed and prevented.

Its influence is quite wide; it can be felt from the early XIVth century up to the mid-XVIth century, the *Libro de la montería* by a King Alfonso of Castile and León being the most famous borrower from it.[8]

Contemporary with this work are a series of what I have labelled lesser treatises. These are four short books that have come down to us collected in one MS, the aforementioned Escorial V.II.19, that can be dated to the early XIVth century. This MS is of great interest because it is the first Hispanic encyclopedia on falconry where all the texts share some common features: all of them are translations (two from Arabic and three from Latin), and they were widely known throughout Europe. These lesser works are:

(1) *Gerardus falconarius*, better known to the hispanist under its first editor's title of *Tratado de las enfermedades de las aves de caza*, was the first treatise from Escorial V.II.19 to be published. It consists of a collection of 49 different recipes to relieve hunting birds from their ailments. But only a small part of the Spanish version can claim to be a translation of the Latin Gerardus, and even that is at secondhand, coming through Albertus Magnus' *De animalibus* (XXVI, xviii), whose chapter on hawking would acquïere an independent existence from 1596 under the title of *De falconibus, asturibus et accipitribus*. The original Gerardus, according to Bischoff,[9] can be dated as early as the Xth century, a rather

---

[8] I am not giving to this king any numeral because I do not believe that the *Libro de la montería* is the work of a single author. For a detailed discussion see José Manuel Fradejas Rueda, 'El autor del *Libro de la montería*: historia y comentario de seis siglos de controversia', *Actas del II Congreso de la AHLM, Segovia, 5-9 de octubre de 1987*, I (Alcalá de Henares: Universidad, 1992), pp. 285-312.

[9] Bernhard Bischoff, *Anecdota novissima* (Stuttgart, 1984), pp. 171-82.

puzzling date because none of the other dozen MSS antedates the XIIIth century.[10] Most of the Spanish text, however, is from several sources, including some chapters borrowed from the next two works I shall be discussing.

(2) *Dancus rex*. It is the most widely known medieval falconry treatise, to the scholar are known versions in Latin, Castilian, Italian, French, Portuguese, Catalan, English and Swedish. It loaned to other works not only material, but also its title and authority, as pointed out by Tilander's research in the mid-1960s.[11] Dancus is quoted in Spanish husbandry literature up to 1629 when Gerónimo de Huerta published his translation of Pliny's *Historia naturalis* (Madrid: Juan González, 1629. I: 681b).

Nobody is sure of who he was, and when and where he ruled; most scholars support the idea that he is a myth, or at least a rather mysterious king, but it seems probable that Dancus can be identified with *Sendebar*'s King Alcus.[12]

Like most early treatises, it is a collection of remedies for falcons' maladies preceded by a very interesting prologue in which we are told why it was compiled.

According to Tilander's research, its origins can only be traced back to the mid-XIIth century and to a Latin translation possibly made at the Norman Court in Sicily.[13]

(3) *Guillelmus falconarius* seems to be the work of William the

---

[10] Dafydd Evans, 'Adelard on Falconry', in Charles Burnett (ed.), *Adelard of Bath* (London: The Warburg Institute, 1987), p. 25, n. 3.

[11] *Dois tratados portugueses inéditos de falcoaria: 'Livro que fez Enrique emperador d'Alemanha' e 'Livro que fez o mui nobre rei d'Ancos' publicados com 'Phisica avium'*, Cynegetica, 15 (Karlshamn, 1966), p. 10.

[12] See *Antiguos tratados de cetrería castellanos*, ed. José Manuel Fradejas Rueda, Alcotán, 2:1 (Madrid: Caïrel, 1985), pp. 57-58.

[13] *Dancus rex, Guillelmus falconarius, Gerardus falconarius, les plus anciens traités de fauconnerie de l'occident publiés d'après tous les manuscrits connus*, ed. Gunnar Tilander, Cynegetica, 9 (Lund, 1963), pp. 6, 10-11.

Falconer, falconer to King Roger II of Sicily, but according to Tilander he did not know how to write, nor to read.[14] Most critics believe that this short work is a gloss or commentary to *Dancus rex*. It is possible that they are under this impression because there is not a clear division between these two works, and this idea is aided by Antonio Ceruti's edition of *Trattato di falconeria*,[15] where we find that, when the text makes use of *Dancus rex*, it immediately copies William's corresponding section; maybe that has led Rachel Hands to speak of a 'combined *Dancus*-Guillelmus redaction'.[16]

The extant Spanish version is an incomplete one: some of its chapters are missing, but this loss is not of great importance, because some of the lost chapters, according to the Latin version, say only 'superior dicta est'. But this is not true of two other chapters, I and VI, which hold some interesting material, well worth knowing; and here there comes to our rescue a much later work, the *Modo de meleçinar las aves*, preserved in Universidad de Salamanca MS 2305, which provides us with a version from another witness.[17]

(4) *Libro de los azores*. It is the last vernacular work included in Escorial V.II.19, but it is not the only extant copy of the book. We know of two other fragmentary copies that seem to be related in some way. These two copies are preserved in Beinecke Library (Yale) MS 138 and Biblioteca Nacional MS 3350, the first of them being a XVth-century copy and the later a XVIIth-century copy.

According to Zarco Cuevas's *Catálogo*,[18] it was known as *Libro*

---

[14] *Dancus rex*, ed. Gunnar Tilander, pp. 8-9.

[15] *Il Propugnatore*, II:2 (1869).

[16] Rachel Hands, *English Hawking and Hunting in 'The Boke of Saint Albans: A Facsimile Edition of Sigs. a2-f8 of 'The Boke of Saint Albans' (1486)* (Oxford: University Press, 1975), p. xxxi.

[17] Edited by me in *Antiguos tratados*, pp. 183-200.

[18] Julian Zarco Cuevas, *Catálogo de los manuscritos castellanos de la Real Biblioteca de El Escorial*, II (Madrid: Real Monasterio de El Escorial, 1924-29), p. 444.

de los gavilanes; but José Fradejas Lebrero in his unpublished dissertation[19] established that the real title should be *Libro de los azores*, among other reasons because *açor* occurs 62 times in the text against 5 times for *gavilán* and because it was the bird preferred by Castilian hunters, if we are to trust what we are told by Juan Manuel[20] (VIII, 559 and IX, 560).

Like the works already discussed, the *Libro de los azores* consists of a collection, in its longest version of 41 short sections, on the handling and care of birds of prey, mainly devoted to the goshawk (*accipiter gentilis*), and to a lesser extent to the sparrowhawk (*accipiter nisus*).

XIVTH CENTURY

At the turn of the century all these five treatises from Alfonsine times were anthologised into a single work known to us as *Tratado de cetrería* and preserved in Real Academia Española MS 9. Besides the XIVth-century MS, there are two copies made by Antonio de Santiago y Palomares (who is not to be confused with Francisco Javier de Santiago y Palomares as Seniff[21] has done), in 1764 and 1765. The 1765 copy is bound with the XIVth-century original, and it was copied 'para uso de la Real Academia Española'; the other copy is the property of the Fundación Universitaria Española (Archivo Campomanes 52-2).

I shall say very little about this work because its main interest lies in the fact that it reveals the existence of another manuscript containing the same works as Escorial V.II.19. How and why the compiler of this *Tratado* chose the chapters he chose and not others is something of a mystery that I could not solve when I edited it for my thesis a few years ago.[22]

---

[19] *Libros medievales de cetrería* (Madrid: Universidad Complutense, 1967), pp. 52-54.

[20] Juan Manuel, *Libro de la caza*, en *Obras completas*, I, ed. José Manuel Blecua (Madrid: Gredos, 1981), pp. 515-96.

[21] Francisco Javier de Santiago y Palomares, *Selected Writings, 1776-95*, study and edition by Dennis P. Seniff, Exeter Hispanic Texts, 38 (Exeter: University of Exeter, 1984), p. xx.

[22] José Manuel Fradejas Rueda, *Tratado de cetrería: texto, gramática y*

But the chief claim of the XIVth century to a place in the history of Spanish books on falconry is that it gave birth to the two most important treatises on the subject: Juan Manuel's *Libro de la caza* (c. 1325) and Pero López de Ayala's *Libro de la caça de las aves* (1386).

For some time Juan Manuel's *Libro de la caza* had been regarded as the first and most important Spanish hawking book. Though it is important and very interesting, it is not a keystone, because no other author or compiler, apart from López de Ayala's two short mentions, made any use of the work. It is important because it emerges, from a crowd of books that translate, copy, or summarize others, as the only really original book on the subject: it does not copy any previous treatise, and Juan Manuel contents himself with saying that theoretical aspects of the art were better expounded by his uncle King Alfonso the Wise, so he makes little or no use of written sources.[23] And it is important too because it is the first book that devotes its doctrine to the practical aspects of the hunt: the choice of the right bird and the proper way of handling and training her; but it speaks only about 'falcones altaneros' or falcons of the tower,[24] and leaves aside low-flying birds such as the goshawk, 'ca los falcones matan la garça despues que·los açores la dexan et por esto es mas noble' (II, 526).

Unfortunately the only extant medieval manuscript (BNM MS 6376) is faulty and incomplete with too many scribal errors and lacunae that have misled some of its more recent editors. Juan Manuel's work can be divided into three main sections: two cover the topical matter in this kind of book: description, selection and training (chapters 1 to 10), and ailments and how to heal them (chapter 11); but Juan Manuel was not very fond of this latter side of the sport because:

---

vocabulario (según el MS 9 de la RAE) (Madrid: Universidad Complutense, 1983 [1985]).

[23] José Manuel Fradejas Rueda, 'Las fuentes del *Libro de la caza* de don Juan Manuel', *BAPLE*, 14:2 (1986), 35-42.

[24] For a further discussion about *halcones altaneros* in Juan Manuel's *Libro de la caza* see my note 'El *Libro de la caza*: ¿Halcones abaneros o halcones altaneros?', *La Corónica*, 18:2 (1989-90), 77-82.

> la teorica del arte de·la caça es muy graue de se saber
> verdadera mente [...] non se atreuio el a fablar en·ella
> ninguna cosa, saluo ende quanto tanne, a·lo que se allega
> la teorica, a·lo que se agora vsa en las enfermedades
> de·los falcones. (Prologue, p. 567)

The third section deals with a totally new aspect, the geography of the chase, but unluckily only the sections dealing with three of the 15 promised bishoprics have been preserved. It is a fascinating journey through the lands, seen through a falconer's eyes, of the bishoprics of Cuenca, Cartagena and Sigüenza, and Juan Manuel's explanations are scattered here and there with hunting stories and assertions of his own veracity, to relieve the reader from the tedium of a dull description. This section may be regarded as a field guide to the best hunting locations and the kind of quarry most likely to be found in those territories during the first quarter of the XIVth century.[25] Three scholars have devoted some time to identification of all the places, rivers, ponds, etc. he mentions, but nobody has taken the trouble to plot the distribution maps of the recorded species, which would be an interesting research topic.

In the prologue Juan Manuel announces a fourth section, not on hawking, but on the other sort of hunt available to the medieval noble: venery, or hunting of mammals, but it is lost:

> et otrosi lo que fallo en·la arte del venar, que quiere
> dezir la caça de·los venados que se caçan en·el monte,
> escriuiolo en·este libro [...] Pero toda la arte del benar
> poner se·a en este libro despues que fuere acabado [el]
> del arte del caçar. (Prologue, p. 521)

If this had come down to us, it would have been the first Spanish book to combine both kinds of hunt: falconry and venery. As it is, this combination is achieved two and a quarter centuries later, in an extraordinarily long and dense work, Juan Vallés' *Libro de acetrería y montería* (1556), which I am

---

[25] Another XIVth-century hunting guide is to be found in book III of King Alfonso's *Libro de la montería*.

currently editing for the Círculo de Bibliofilia Venatoria of Madrid, and which will be published in 1992.

Between 1385 and 1386, during the time that Pero López de Ayala was imprisoned at the castle of Óvidos, after the Castilian defeat at Aljubarrota, he wrote what has been called the most famous and influential Spanish book on falconry, his *Libro de la caça de las aves*. Ayala himself tells us the main reasons why he wrote it. Firstly because:

> en esta arte e çiençia dela caça delas aves oy e vi muchas dubdas

and secondly because:

> acorde de trabajar por non estar oçioso de poner en este pequeño libro todo aquello que mas çierto falle. (p. 50)

As far as I know, twenty-seven different MSS, copied between the early XVth century and the XIXth century, have come down to us.[26] This is the first original Spanish work to bring together the two main subjects that make up falconry, as the *Diccionario de la Real Academia Española* (Madrid: Espasa-Calpe, 1984, 20th ed.) defines the Spanish term *cetrería*:[27]

> Arte de criar, domesticar, enseñar y curar los halcones y demás aves que servían para la caza de volatería. ‖ 2. Caza de aves y algunos cuadrúpedos que se hacía con halcones, azores y otros pájaros que perseguían la presa

---

[26] For a complete account see my papers 'Los manuscritos del *Libro de la caza de las aves*: intento de una clasificación y descripción del MS Krahe', *Epos*, 5 (1989), 497-507 and 'Otro manuscrito más del *Libro de la caza de las aves* de Pero López de Ayala', *NEF*, 7 (1992, forthcoming).

[27] For an extended discussion on the Spanish words to name this kind of hunt see my forthcoming paper '*Acetrería, altanería, cetrería, halconería, volatería*: notas léxicas', *RFE*, 72 (1992).

hasta herirla o matarla.

Therefore, Ayala's book deals with both the practical and theoretical aspects of the chase, and by theoretical we should understand the therapeutic and pharmacological aspects of the art.

Ayala's *Libro* can be divided into three main sections: in the first one (chapters 1 to 7 and 41 to 45) all sorts of falcons and hawks are described together with their distribution throughout Spain and Europe. The second section, with only one chapter, is devoted to the actual management (*afeitamiento*) of birds, and to enliven his explanations Ayala introduces sparkling stories and memories of better times (remember that when he is writing the *Libro* he is imprisoned). The third section is the therapeutic and pharmacological. In this one he observes a logical arrangement: firstly he explains the causes of the disease ('acaesçe algunas vegadas'; 'por muchas maneras acaesçe'; 'muchas vezes acaesçe'); secondly he expounds the symptoms ('e conosçerloas en esto'; 'e tu conosçeras esta dolençia en esta manera'; 'e veras sus señales'), and finally he offers the remedies ('e esta dolençia se cura assy'; 'e quando esto vieres faras asy'), and because sometimes complications arise ('otrosy, deves saber que desta agua [se] faze otra peor'), there is a long list of possible remedies. He also includes some precautionary advice to keep the birds as healthy as possible, and two other chapters, one on the migration of birds, and a long list of drugs and tools that a falconer would need.

The third section is the only one that is not totally original, and that has been the basis for one of its most recent editors, Montandon-Hummel,[28] to accuse Ayala of plagiarism. It is true that most of his chapters on medical aspects are indebted to Pero Menino's *Livro de falcoaria* (ed. Manuel Rodrigues Lapa [Coimbra: Universidade, 1931]), a book that Ayala was undoubtedly acquainted with during his imprisonment, but Ayala not only translated Menino's work, but, according to Rodrigues Lapa, Menino's only editor, he introduced 'de vez em quando, algum pequeno acrescentamento de sua lavra, ou esclarecendo um ou outro passo mais laconico' (p. xxx).

---

[28] Madeleine Montandon-Hummel, *Pero López de Ayala, 'Libro de cetrería'. Edición basada en los códices del siglo XV* (Basel, 1986).

This leads me to the most striking aspect of Ayala's *Libro de la caça de las aves*. As already mentioned, he translated Menino's *Livro*, and in the early XVth century it was also independently translated into Spanish by Gonzalo Rodríguez de Escobas.[29] Not later than 1566 (Rodrigues Lapa (p. xix) thinks that it was in the XVth century), probably by order of João da Costa, Ayala's book was in turn translated back into Portuguese under the title *Livro de citraria*, a version that is preserved in British Library MS Sloane 821.[30] In 1616 Dioguo Fernandes Ferreira also translated selected passages of Ayala's *Libro* in his *Arte de caça da altaneria* (Lisboa: Jorge Rodrigues), and nine years later, Ferreira's *Arte* was translated into Spanish by Juan Bautista Morales (BNM, MS 4241). Therefore, a Portuguese original was, soon after its composition, twice translated into Spanish, from Spanish it was twice retranslated into Portuguese, and finally it returned to Spanish once again.

XVTH CENTURY

According to Gil González Dávila in his *Teatro eclesiástico de las iglesias metropolitanas y catedrales de los reynos de las dos Castillas*[31] a falconry book was to be attributed to Alonso Fernández del Madrigal, *El Tostado*. The basis for such an attribution is stated in the following section from González Dávila:

> Otro [libro] muy curioso de caça, que no se ha manifestado, que le escrivio con ocasión que saliendo vn dia el Rey don Iuan a caça de paxaros, se le perniquebró el mejor Halcón que tenía: Recibió dello gran pena el Maestre de Santiago don Alvaro de Luna, tenido y estimado en aquel tiempo, que le dava el Sol de lleno, buelto al Rey le dixo (burlando de don Alonso con quien no es-

---

[29] The text was edited by Gunnar Tilander in 'Acerca del *Libro de falcoaria* de Pero Menino', *RFE*, 22 (1936), 255-74.

[30] This translation was edited by Jan Alan Nelson for his doctoral dissertation *A Critical Edition of the 'Livro de citraria'* (Chapel Hill: University of North Carolina at Chapel Hill, 1964).

[31] (Madrid: Francisco Martínez, 1657), II, 272-73.

tava muy bien): 'Llame V. A. al Bachiller, que lo sabe todo, y le darà remedio para este paxaro'. Vino el Tostado, trato ante el Rey, y los suyos de la caça, y Halcones, y manera de curarlos quando enferman, con tanta agudeza que el Rey, y los que le oyeron quedaron admirados, y curando el Halcón con lo que dixo, sanó en poco tiempo. Esto vi escrito en vn memorial de la vida deste Santo, y en el estilo parece de aquellos tiempos, que esta en los Archivos del Convento de San Pedro de Cardeña. (II, 272-73).

But González Dávila himself says that the only writing relating to hawking that can really be ascribed to *El Tostado* is to be found in his *Commentarium in Leviticum* (chapter XI, question XXXII) in which he speaks on how to distinguish the best hawks, about the two different kinds of hawks —wild and tamed— that exist, and their nourishment, and even that from their bile can be obtained some wonderful eye-drops. *El Tostado*, however, does not show a great knowledge about falconry in his *Commentarium*, just a few common topics derived from ancient *auctoritates* such as Aristotle, Saint Isidore, Saint Ambrose, Saint Gregory and Bede.

Nevertheless, two different manuscripts had been attributed to *El Tostado*. Firstly, Salamanca University MS 2305; but in the codex itself it is recognized that it is but another copy of Pero López de Ayala's treatise. And secondly, since 1865 and due to a note included in BNM MS 287, the *Libro que trata del modo que se ha de tener en curar alcones, açores y gauilanes* was believed to be the falconry book written by Alonso Fernández del Madrigal. This work looks like an old-fashioned book on falconry because it contains only a short collection of remedies —24 recipes— for hawks' maladies that can be traced back, among others, to the *Libro de los azores* and Pero López de Ayala's work.

Some critics have expressed their opinion about this book. Ramírez in his *Diccionario de bibliografía agronómica*[32] (num. 2245, p. 825) and Gutiérrez de la Vega in his 'Bibliografía venatoria española' (num. 72, p.

---

[32] Braulio Antón Ramírez, *Diccionario de bibliografía agronómica* (Madrid: Rivadeneyra, 1865).

clxx) are against such an attribution. Uhagón and Legina in their *Estudios bibliográficos* (num. 232, p. 45) seem to favour it, because they recall only that Ramírez did not believe it to be the work of *El Tostado*. Harting in his *Bibliotheca Accipitraria* (num. 243, pp. 123-24) only takes notice of its inclusion by Uhagón and Leguina and agrees with them. In the late 1960s José Fradejas Lebrero in his *Literatura medieval cetrera* states that:

> no podemos negar ni afirmar la paternidad a Alfonso de Madrigal, tenemos pues que atenernos al manuscrito de 1614 que se lo atribuye y a González Dávila (1611), que razona las causas, y, finalmente, a la lengua, que es indudable del siglo XV, aunque ya muy deturpada en la época que se copió (p. 15).

During the reign of John II of Castile, Juan de Sahagún, falconer to the king, wrote his *Libro de las aves de caza*. It is the only Spanish medieval work on falconry that was written by a professional of the hunt, because his predecessors, Juan Manuel and Pero López de Ayala in the XIVth century, and his successors in the 1500s, Vallés, Zúñiga, and Zapata were lords who loved to hunt with falcons.

Sahagún's *Libro de las aves de caza* or simply *Libro de cetrería* has come down to us preserved in three manuscripts from three different centuries: Beinecke Library MS 138, a magnificent XVth-century copy; BNM MS 2970, a rather damaged codex because of ink corrosions that have rendered some sections illegible, and in which a copy of Ayala's *Libro* is considered as Sahagún's fourth book; and BNM MS 3350, a very clear XVIIth-century copy of the same type —maybe family— as that of Beinecke Library MS 138. Besides these three copies, which happen to be complete, BNM MS 1464 and BPR II-1366 contain two very short sections; the first one deals with a remedy against old pellets and the other one with how to purge the falcon.

In 1885 it was edited and published by Gutiérrez de la Vega in his *La Ilustración Venatoria*, according to BNM MS 3350, though the editor does not say so. Four years later Francisco de Uhagón in a short essay demonstrated that Sahagún's book was based extensively on Pero López de

Ayala's, and for that sole reason he labelled Sahagún as a plagiarist.[33] It is true that Sahagún copied large portions of Ayala's *Libro* but Ayala is not the only author whom Sahagún used to compose his treatise. Sahagún himself declares, at the very end of his long *Libro de cetrería* that:

> Enel qual libro non entiendo escriujr cosa njnguna de mj entendimjento njn de mj poco saber mas lo que Dios me administrare, τ falle escripto enestos libros que se siguen el libro del rrey nuestro señor. E el libro del rrey Balarte. E el libro de maestre Gujllen, fijo de Rrojel napolitano. E el libro de Ypocras el filosofo. El libro de Danchis E el libro de Aransante, fijo del rrey Galiziano. E el libro de Mahomad natural dela çibdad de Fez. E el libro de Menjno de Portogal. E el libro de don Felipo de Orries, rrico onbre de Aragon. E el libro de Pero Lopes de Ayala (Beinecke Library, MS 138, fol. 80ᵛ).

Sahagún's *Libro* is divided into three self-contained books in which the *materia* is clearly expounded. In the first one, and after a general prologue, he talks about all kinds of falcons and hawks that can be used in the chase, how they should be trained and looked after to preserve them from any diseases. In books two and three he deals with internal and external maladies, that include accidents —broken legs and wings, open wounds, etc. At the end there is a long list of pharmaceutical ingredients, but it is not very clear if it is by Sahagún or his *glosador*.

Sahagún's *Libro de las aves de caza* was glossed soon afterwards by Beltrán de la Cueva, first Duke of Alburquerque and king Henry IV's favourite. This set of glosses happen to be the first criticism of the Spanish books on falconry, because they show, according to the actual experience of de la Cueva's falconers, the correct management of hawks and what can be dangerous for the birds and how to avoid the dangers hidden in

---

[33] Francisco R. de Uhagón, *Libros de cetrería del canciller López de Ayala, Juan de Sant-Fahagún y don Fadrique de Zúñiga y Sotomayor* (Madrid: Ricardo Fe, 1889).

Sahagún's remedies.

According to Lafuente and Gayangos' edition of Pero López de Ayala's *Libro de la caza de las aves* (Madrid: Bibliófilos Españoles, 1869, pp. 169-95), Beltrán de la Cueva wrote another set of glosses to the work of López de Ayala, but because of the premature death of Lafuente Gayangos was not able to discern from which manuscript these glosses were extracted. Gutiérrez de la Vega in his edition of Pero López (Madrid: M. Tello, 1879, pp. xlii-lix), however, demonstrated that they were but a copy and re-allocated the glosses to Sahagún's treatise.

EVANGELISTA'S *LIBRO DE CETRERÍA*

THE AUTHOR

Scarce and not very certain are the personal details available, since I have not been able to find either his surname or any other reliable data from his life. Nevertheless I will try to reconstruct his biography and character, though it will be a mere outline.

A Spaniard? Surely, though he is called 'Evangelista de Cortona' by Álvar Gómez de Castro which seems to indicate an Italian origin, but MS P_2 names him 'Ebangelista de Carmona', so the fact that 'Cortona' appears in Gómez de Castro is, I believe, due purely and simply to an error of reading, for his works and life are clearly Spanish. Gómez Moreno, in publishing the fourth edition of Evangelista's *Profecía*,[34] ventures that he could have been born in Salamanca or, at least, dwelled in that province. His theory rests on three lexical items: *gaguear*, *chambaril* and *bocezar,* which in his opion are typical of Salamanca, to which he adds: 'el conocimiento que Juan del Encina tuvo de la obra de Evangelista' (p. 119 n. 35), a rather weak reasoning.

Fernández de Oviedo calls him 'caballero gracioso' and

---

[34] Ángel Gómez Moreno, '*Profecía* de Evangelista: al rescate de un autor medieval', *Pluteus*, 3 (1985), 111-29.

'Comendador de la Orden Militar de San Juan de Rodas', and says that he lived in the reign of Henry IV (1457-74).[35] Here again MS P_2 can bring forward evidence, though I presume it to be but a joke for he entitles him 'Comendador de Calazporra, de la horden de Sant Mario' (fol. 79^r). MS P_1 supports that he must have belonged to the Order of Saint John of Rhodes as it reads 'y, acabado, lo embio al prior de San Juan, don Alvaro d'Çuñiga, su señor', and 'fizo Evangelista c[a]mino de Rodas sobre mar por no estar oçioso [y] no pensar en los peligros de la mar' (fol. 1^r). This last fact, the sea voyage, is confirmed by MS M, the oldest witness, by saying 'Euangelista corriendo fortuna por el golfo de Leon, a Dios mjsericordia, por no estar vçioso' (fol. 2^r).

Nebrija, in a letter addressed to the sons of Almazán, Secretary of the Catholic Monarchs, says: 'Siendo yo joven había entre los nobles de España un tal Evangelista, que vivía casi siempre en la corte y era la mar de gracioso'.[36] Fernández de Oviedo, source of Paz y Melia[37] and of Rennert,[38] was the first one to record that Evangelista lived in the reign of Henry IV, that he was pleasant and amusing and that he was a *familiar* of Álvaro de Zúñiga, Duke of Arévalo, Plasencia and Béjar, and Prior of Saint John of Rhodes. This last fact is found, as we have just seen, in the prologue to MS P_1: 'y, acabado, lo embio al prior de San Ju[an], don Alvaro d'Çuñiga, su señor' (fol. 1^r).

Finally, Nebrija, in a letter addressed to Cardinal Cisneros, confirms the information given by Fernández de Oviedo, and offers an important anecdote that helps to clarify the figure of Evangelista. Nebrija calls him 'hombre de bien'.[39]

---

[35] Gonzalo Fernández de Oviedo, *Quinquagenas de la nobleza de España* (Madrid: RAH, 1880), I. 1, 539-40.

[36] Félix G. Olmedo, *Nebrija (1441-1522)* (Madrid: Editora Nacional, 1942), p. 199.

[37] Antonio Paz y Melia, '*Libro de cetrería* de Evangelista y una profecía del mismo, con prólogo, variantes, notas y glosario', *ZRP*, 1 (1877), 224-225.

[38] H. A. Rennert, *Der spanische Cancionero des British Museum* (Erlangen, 1895), 'Er lebte zur Zeit des Königs Don Enrique IV' (p. 14).

[39] 'Epístola del Maestro de Lebrija al Cardenal quando avisó, que en la interpretación de las Dicciones de la Biblia no mandasse seguir al Remigio sin que

His dates are not very clear and I can only assert, in a general sense, that he lived in the reign of Henry IV, and probably in the beginning of the reign of Isabella and Ferdinand. But this is somewhat venturous. What is more certain, from Nebrija's affirmation, is that he was around the court between 1455 and 1474 for Nebrija says 'siendo yo joven'. I must assume that he is referring to the time when he was a student in the University of Salamanca or shortly after having returned from Italy, since we must take into account that when he used this expression he was more than seventy years old.

All authors share the view that he was a cheerful, witty, resourceful and friendly man. Nebrija says he was 'la mar de gracioso' and 'alenhanado en disparatis', and Fernández de Oviedo 'cauallero graçioso', but what is probably more far-reaching are two anecdotes: one has come down to us in two different versions by Nebrija, the other is solely due to Fernández de Oviedo. Here they are:

> Evangelista [...] caminando alguna vez con Don Álvaro de Stuñiga, Duque de Arévalo, i después en Placiencia, llegó a un lugar donde el camino se partía en dos partes, i dudando quál de entrambos tomaría, digiéronle los suyos que Evangelista sabía aquella tierra, et se lo podría decir. Preguntándole, que ¿quál de los dos era el camino? respondió, que los tomasse entrambos, et que no podía errar.[40]

This story is obviously funny and it does go along with his work, as we shall see later. Let us see the other one:

> *Nota este donaire de Comendador Evangelista.* Por el qual vn cauallero graçioso, llamado Euangelista, e era de la orden militar de Sant Johan de Rodas, estando enojado de sus moços, que, en vistiendoles, luego se le yvan, e

---

primero viessen su obra', *RABM*, 8 (1903), 493-96.

[40] 'Epístola', p. 494. The other version was published by Olmedo in his *Nebrija*, p. 199.

tomaua otros, e vestialos, e hazian lo mesmo, acaesçió
que, partiendose el prior de Sant Johan de la Corte,
quando el Euangelista pensó, que dos moços que avie
vestido muy bien, yrian con el, le dieron cantonada, e por
falta dellos no pudo seguir al Prior. Asi quél Comendador
Euangelista se quedó en la Corte, e otro dia tomó dos
moços bien vestidos, e prometioles doblado partido del que
a los tales se suele dar, e dioles a entender que quedaua en
el Corte de asiento, para negoçiar las cosas del Prior de
Sant Johan, don Aluaro d'Estuñiga, su señor, con el rrey
don Enrrique 4, porque en su tiempo fue. E, como tuuo
asegurados los moços, e avia dos o tres dias quél Prior era
partido, Euangelista madrugó, e tomó los vestidos de sus
moços, e caualgó en vna mula que tenia, que mucho
andaua: e por aquel dia no pudo alcançar al Prior, pero al
segundo le alcançó, e lleuaua a las ancas vna maleta con
los sayos e jubones de los moços; e pasó delante del Prior,
sin detener. El Prior le llamó, e dixo —vení aca,
Euangelista, Comendador onrrado, ¿como vays asi tan de
prisa? E el Comendador se detuuo, e le dixo —Señor,
voyme de mis moços, e traigoles aqui sus vestidos, e, de
quantos se me han ydo a mi con lo que les he dado, quiero
yo agora yrme con estos que traygo.[41]

Undoubtedly the way he takes revenge upon his servants is witty.
Incidentally, it was not only his attendants who did such things, but also
a peregrine falcon he once owned: 'asy me fizo vno, *que* a cabo de vn mes
me lleuo vnas pihuelas nuevas y vnos caxcaveles y vn capirote enla cabeça
por no aver frio' (MS M, fol. 4ʳ).

From both stories we can deduce that Evangelista's character was
'alenhanado en disparatis', humorous and mocking. This character is
confirmed by Rodríguez Moñino's opinion, though somehow too
absolutely: 'También figuró entre sus familiares [of Álvaro de Zúñiga], no
sabemos si en calidad de truhán o de halconero, el ingeniosísimo escritor

---

[41] Fernández de Oviedo, *Quinquagenas*, pp. 539-40.

Evangelista'.[42] I do not agree with Rodríguez Moñino as I believe it to be more accurate and fair when Nebrija says 'no lo quiero llamar truhán, porque era hombre de bien'.[43]

Even more, we can trace his character through his poetry. In a century as rich in poetry as the XVth century, this graceful writer inevitably figures amongst those cultivating it, and in the so-called *Cancionero de la British Library* (num. 293-95, p. 253) there are preserved three short poems. One of them is dedicated to a barber:

> De Evangelista a un barbero sobre su gesto
>   Bien hecha mi cuenta y taja,
> hallo por medida y peso
> que teneys mas voto el seso
> que aguda la navaja;
> ansy conviene al barbero
> presumir de trobador,
> como espuela al marinero,
> o con boto majadero
> sacar sotil arador.

Another is to the barber's mate:

> Otra suya a un conpanero del barbero
>   Vos teneys una gran falta,
> amigo que vos os fatiga
> la pretyna mucho alta
> [y] muy creçida la barriga;
> tenés muy cortos los braços
> y la potra rroçagante
> y las piernas de picaços,
> y el uno ojo rrutilante

---

[42] Antonio Rodríguez Moñino, 'Historia literaria de Extremadura (Edad Media y Reyes Católicos)', *Revista de Estudios Extremeños*, 1950, p. 42. Quotation is taken from an off-print with different pagination.

[43] 'Epístola', pág. 494.

which is a mere bunch of insults. The third one is a song:

> Canción suya
> Yo no sé quál es mejor
> de que sienta mejoría,
> sy jamás nunca os ver
> o cada vez que querría.
> Tanto creçe mi deseo
> quando vos puedo mirar,
> otro tanto mi penar
> la ora que vos os veo;
> que no sé quál es mejor
> ni en qué sienta mejoría,
> sy jamás nunca os ver
> o cada vez que querría.

in which he seems to mock the *requestas* which were very much to the liking of the poets of the *Cancionero de Baena*.

THE WORK

The *Libro de cetrería* must have been written before 1492, when the Jews were expelled from Spain. There is a very good reason for this, I believe, as MS P_1 says:

> Al q*ue* fuere mal capirotero madrugale cada mañana, espeçial los sabados, y vete con el a la sinagoga y pasealo entre aq[*ue*]llos capirotes de aquellos judios y ansi perdera el miedo al capirote (fol. 9r).

Since after the expulsion of the Jews there were no synagogues open in Spain for this to be possible as a burlesque remedy, the reference to *capirotes* (*kippot* 'skullcaps') must predate the expulsion.

According to MS P_1, the *Libro de cetrería* is dedicated 'al prior de San Ju[an], don Alvaro d'Çuñiga, su señor'. But I meet a problem here. According to Nebrija and Fernández de Oviedo, this Álvaro de Zúñiga is the Duke of Arévalo, Plasencia y Béjar, but according to Diego de Valera's *Memorial de diversas hazañas*[44] the Duke of Plasencia was not the Prior of Saint John of Rhodes, but his son Álvaro, who became Prior in 1470:

> En este tienpo vino en estos reynos vn cavallero de la Orden de San Juan, Guido de Monte Alvaldo, enbiado por embaxador del maestre de Rodas, con facultad suya e con letras del Papa Pablo [II] para proveer del priorazgo de San Juan a don Álvaro de Estúñiga, hijo del duque de Arévalo. Al qual el padre en ninguna cosa ayudava, porquel maestre de Santiago ayudava a don Juan de Valençuela, que por prior de San Juan se avía; al qual el prínçipe e la prinçesa y el arçobispo de Toledo favoreçieron. E don Álvaro de Estúñiga desbarató la gente quel maestre avía enbiado en favor de don Juan de Valençuela, e tomó la fortaleza de Consuegra, e labróla e fortificóla (LVIII, p. 180),

and

> En mucho fue culpado de todos el duque de Arévalo por dexar de ayudar a don Álvaro de Estúñiga, su hijo, por conplazer al maestre de Santiago, que a don Juan de Valençuela favoreçía; el qual don Álvaro ovo de buscar el favor del arçobispo de Toledo e de sus primos los hijos del conde de Paredes, don Rodrigo Manrrique, entre los quales don Jorge Manrrique, comendador de Montizón, maravillosamente favoreçió a don Álvaro de Estúñiga, su primo (LIX, p. 181).

Therefore I believe there is an error of identification between both Álvaros

---

[44] Diego de Valera, *Memorial de diversas hazañas. Crónica de Enrique IV*, ed. Juan de Mata Carriazo, Colección de Crónicas Españolas, IV (Madrid: Espasa-Calpe, 1941).

de Estúñiga in Fernández de Oviedo and Nebrija; as I have just shown, it was the son, and not the father, who became Prior.

Leaving aside this confusion of Álvaros de Estúñiga and taking into account that from three different sources (Nebrija, Fernández de Oviedo, and Evangelista himself) we know that the younger Álvaro de Estúñiga was the Prior of Saint John of Rhodes, I can state with confidence that Evangelista's *Libro de cetrería* must have been written between 1470 and 1474, which are the dates during which Álvaro de Estúñiga was Prior of Saint John of Rhodes. And I say 1474 for according to Diego de Valera that year the Prior was 'Beltrán Ugón de Rocabertín, prior de la Orden de San Juan e capellán de Amposta' (LXXXVII, p. 255).

Evangelista himself talks about his work twice; once in a burlesque way:

> Pues que a nuestro Señor plugo darme sabiduria y sçiençia
> sobre todo hombre del mundo de l[os] que oy son naçidos,
> [...] acorde de ocupar la [fan]tasia en componer esta poca
> y perfeta o[bra]. (MS P₁, fol. 1ʳ),

and the other time in a more realistic one and lacking his peculiar sense of humour:

> Son aves mas frias que las rrazones que van escritas en
> este libro (MS M, fol. 7ᵛ).

Which of those two opinions was the author's? Undoubtedly the second one, for the former, since it appears in the introduction is but a mere warning that would favourably predispose his readers. The latter is like an assertion of his inadequacy —his humility— lost in the jumble of his wordiness and sounds like an intimate and disillusioned exclamation.

Evangelista's *Libro de cetrería* is a burlesque and satirical work. And so it has to be for it was written at a time in which these works were at a high peak.

It is clear enough that falconry books have evolved with time; this evolution can be seen from the very widely used *Libro de los animales que cazan*, going through the translations, adaptations and plagiarims of López de Ayala[45] and Juan de Sahagún[46] or Guarines,[47] where lavishness and exaggerations reach their climax, to this book by Evangelista who makes fun of all of them: birds, falconers and hunters. The evolution has come to an end, but falconry is still alive as well as books like those by Juan Vallés,[48] Fadrique de Zúñiga y Sotomayor[49] or Luis de Zapata[50] which form the élite in which is gathered and criticised everything that has been said before, specially in Vallés' work.

The reasons why Evangelista set himself to write this book are absolutely unknown, but I can venture two: Firstly he tries to satirize the use and overuse of falconry in a moralizing way as it is shown in the tale 'del loco τ del cauallero caçador' published in the 1489 edition of *Ysopet*:

---

[45] Pero López de Ayala, *Libro de la caça de las aves*, ed. John G. Cummins (London: Tamesis, 1986). For anything relating to translations, adaptations and plagiarisms from this work see the modernized edition by José Fradejas Lebrero (Madrid: Castalia, 1969), specially pages 42-43. See, as well, my paper 'La originalidad en la literatura cinegética', *Epos*, 2 (1986), 75-88.

[46] Juan de Sahagún, *Libro de las aves de caça*, MS 138 Beinecke Library, Yale University. There is an edition (Madrid: Caïrel, 1984), not recommended and very difficult to find, which reproduces the 1885 one published by José Gutiérrez de la Vega in the periodical *La Ilustración Venatoria*.

[47] José Fradejas Lebrero, 'Ayala, Mercader y el desconocido cetrero Guarines', *Homenaje a don Agustín Millares Carlo*, II (Las Palmas de Gran Canaria: Caja Insular de Ahorros de Gran Canaria, 1975), pp. 525-46.

[48] Juan de Vallés, *Libro de acetrería y montería* (Sevilla: Bibliófilos Sevillanos, 1947). Only the first two books, of the six which complete the treatise are published, though only the first four ones are related to falconry. Quotations on this work are made following BNM MS 3382, which is the copy-text for the edition I am currently preparing for the Madrid Círculo de Bibliofilia Venatoria, to be published later this year.

[49] Fadrique de Zúñiga y Sotomayor, *Libro de cetrería de caza de azor* (Salamanca: Juan de Cánova, 1565). Besides various copies of the printed edition, there are also in existence the printer's copy-text with authorial corrections (BNM MS 19196) and one copy of the printed edition with additional handwritten corrections and textual amplifications attributable to the author (BNM R-3188).

[50] Luis de Zapata, *Libro de cetrería*, ed. Manuel Terrón Albarrán (Badajoz: Institución Pedro de Valencia, 1977).

> Significa esta fabula que el vso τ exercicio de la caça o de
> otros officios en que mayor es el gasto que la ganançia son
> de desamparar τ dexar si quiere ombre ser avido τ
> reputado por discreto τ cuerdo.[51]

The other, according to Paz y Melia, is that this book is a parody and
follows that of Juan de Sahagún; in this a personal attack can be seen. But
a gentleman against a falconer? It is not very likely to the taste of the time.

Though the title is *Libro de cetrería* that is not what it really is
about. Normally books dealing with this art give advice —as I have already
shown— on how to train, heal and handle birds of prey, however though
Evangelista says he deals with these topics,

> Y trata de las aues de rrapyna, de los talles y plumajes y
> propiedades de cada vna, y de los goujernos y curas para
> sus dolençias (MS M, fol. 2ʳ)

what he really does is to critize them bitingly, censoring and ridiculing
hunters and birds because of the waste of money, effort and because of the
falcons' fragility once they have been *maned*.

Here are the reasons on which Paz y Melia relies to say that the
immediate origin of Evangelista's treatise is Juan de Sahagún's:[52]

Sahagún	Evangelista
… que no hay falcon malo si por culpa del caçador no es.	… como no hay ninguna [ave] que sea mala syno por falta del caçador.
Ponle siempre (al halcon sacre) un almohada ó paño de lana	(Capitº. de los Sacres) … y como sea ave pesada y siempre

---

[51] *La vida del Ysopet con sus fábulas hystoriadas*, facsimile edition (Madrid:
RAE, 1929), fol. CXXVIIʳ.

[52] I have copied down the texts as they appear in the article by Paz y Melia,
without adapting them to this edition or correcting Sahagún's text.

... y la razon es ... porque ellos son muy pesados ... muchos an carnosas las manos estando en duro puestas las manos con el peso del cuerpo mastrujageles la carne debajo y faseles suelas etc.

carga sobre los pies salen los mas gotosos.

Los gavilanes son aves de caça y muy lindas y gentiles etc.

Los gavilanes son unas aves mas fermosas que ningunas aves de rapiña y mucho graciosas.

... neblis son asi llamados porque fueron tomados en Niebla.

Los falcones neblies son asi llamados porque son de color de niebla.

El cavdal y sotileza del arte del nebli todo es el altaneria.

... estos (los neblis) caçan en altaneria entre el cielo y la tierra.

Para el aguila que non faga mal al falcon dirás este verso que se sigue: Ecce crucem dni nri Jesuxpri fugite partes aduersae vincit leo de tribu Juda rradix D[avid] alleluya alleluya.

... sy caso fuere que tu falcon le cayere en suerte (al águila) dile luego presto este responso a te leuaui occulos meos, y tu falcon luego será libre.

If we are to follow Paz y Melia's line of argument, then Sahagún's *Libro de las aves de caza* is the source of Evangelista's work. A more detailed comparison, however, shows that Evangelista did not follow Sahagún's treatise but Pero López de Ayala's *Libro de la caza de las aves*, because some of Evangelista's puns, jokes and hilarious adaptations are built on sections that I was able to find only in Pero López de Ayala's *Libro* and not in Sahagún's, as can be seen in one the motives that led Evangelista to compose his work:

corriendo fortuna por el golfo de Leon, a Dios mjsericordia, *por no estar vçioso* (MS M, fol. 2ʳ)

Idleness and how to prevent it is a motive not found in Sahagún's treatise, but it is in Pero López de Ayala's book:

> e por esto acorde de trabajar *por non estar oçioso* (PLA, Prologue, p. 50, emphasis mine).

Besides that, a close look to the introductory sections collected in the modernized version, which are directly taken from MSS P_1 and P_2, will show that they have been modelled on the introduction and dedication addressed to Gonzalo de Mena, Bishop of Burgos, by Pero López de Ayala, and Sahagún did not copy these paragraphs, so it can be stated that Evangelista's direct source is Pero López's treatise.

The idea of Evangelista being a hunter, not a falconer since in the Middle Ages austringers used to be servants, is supported by his perfect knowledge of the technical vocabulary; it is complete and I can detect no mistakes in its use. On the other hand he seems to know in depth all the ailments (filanders), sanitary needs and bad manners (hood-shyness) of the birds of prey. All this allowed him to construct his jokes, and as Juan Manuel said, that is something that cannot be learnt just by reading books (VI, 543-44).

The reader can time and again see that his jokes are usually biased towards religion, nuns and monks being those who are most frequently abused. And so we find in the chapter devoted to the *alfaneques*: 'tyenen vn mal, que comen carne en viernes y en cuaresma' (MS M, fol. 3ʳ), and in the one devoted to the hobby: 'paresçenme aues de la horden de Santo Domjngo' (MS M, fols. 7ᵛ-8ʳ), and that 'caçan bien por monesterios o tal cosa, y sygund su diligençia no ay monge que se les vaya' (MS M, fol. 8ʳ).[53]

Following this path another topic against religion is, for example, purges of which he says that the best remedy is to carry the falcon to the Purgatory. Also, the piety of kites (chapter XIII), who carry away with them all the wandering and frozen chicks who cannot shelter under their mother's wings, just to ... look after them. Or when the eagle stoops on

---

[53] P_1 speaks of nuns: 'caçaran bien por monesterios o tal cosa, que no avra monja que se le vaia socorrida o no socorrida' (fol. 12ᵛ).

the falcon you must say this prayer: '"A te leuauj occlos meos" y tu falcon luego sera libre' (MS M, fol. 8ʳ). This custom of praying was followed by Sahagún and criticised by Beltrán de la Cueva.[54]

Against the normal tendency found in the Middle Ages to believe in omens —which can be found in other falconry treatises as for example in the *Libro de los animales que cazan* (I, x, p. 46) or the *Tratado de cetrería* (16, p. 130)— Evangelista reacts like this:

---

[54] Beltrán de la Cueva glosses Juan de Sahagún's system in the following way:
> Lo que yo fago, de que el agujla anda sobre mj de que vo a caça, es tirarle con vna vallesta enel ayre vna saeta o vn virote en manera que le sienta passar çerca de si, τ luego se va el agujla τ nunca mas alli torna. Esto es lo que yo fago. Non tengo yo dubda quel uersso y las palabras de Dios no sean buenas para esto τ para otra qualquier cosa (MS 138, I, XXII, fol. 32ᵛ).

In the XVIth century Juan Vallés, though he makes use of a very similar device to that of Beltrán de la Cueva, still recommends spells in the chapter devoted to 'De los remedios que hay para oxear o ahuyentar las aguilas de donde se buela con los açores y halcones':

> Los caçadores tienen tanbién algunas devociones para este efecto, y una dellas es ésta: Hazen la señal de la cruz azia la águila, y dizen estas palabras: 'Ecce crucem domini nostri Jesu Christi, fugite partes aduersae, vincit leo de tribu Juda radix Dauid alleluya, alleluya, alleluya' y luego, tras desto, dizen un paternoster y una avemaría, y esto se ha dezir tres vezes, con lo qual a mí me ha acaecido muchas vezes haver ahuyentado las águilas y no bolver más en todo aquel día adonde yo bolava, y no es de maravilla pues Nuestro Señor Dios, usando de su grande misericordia con nosotros, quiso para todas nuestras necessidades poner tan grande virtud y poder en su sanctíssimo nombre todas las vezes que con entera fee fuesse invocado. (IV, X, fols. 176ᵛ-177ʳ).

After this prayer he offers two more. The most striking aspect of these prayers is that in BNM MS 3127 they had been expurgated, as it happened with a mocking way of referring to the four evangelists that is found in a letter addressed to Álvar García at the end of the *Libro de la montería* in MS B-1274 of the HSA (fols. 194ᵛ-195ʳ).

> y saliendo a caçar en dia que no sea aziago, no sera
> maravilla que, con el y vna rred tyradera, que maten de
> cada vuelo vna banda de perdizes, queriendo ellas entrar
> en la rred (MS M, fol. 3ʳ).

and:

> sy lo tyenes muy bien tenplado, y el lo ha gana, tan bien
> bolara en martes como en lunes (MS M, fol. 2ᵛ).[55]

He does not believe either in the magic of words to heal:

> ya jas oydo dezyr que nuestro señor dios puso sus virtudes
> en las yervas y en las piedras y en las palabras. Por ende,
> quando tu falcon estoujere ferido, tomaras muchas piedras
> τ muchas yervas y en las palabras, que a osadas no falten
> parleros de qujen las ayas τ por poco dynero, τ muelelo τ
> juntalo τ faz vn emplasto τ pongeloençima de la llaga, τ
> luego sera sano. Pero mira que lo tengas en logar
> desabrygado, que no le de el viento por que no acaesca el
> rrefran que dizen: 'palabras τ plumas el viento selas lleua',
> las quales te llevaria τ dexaria tu falcon pelado τ syn
> vnguento (MS M, fol. 9ʳ).

It seems that Evangelista trusts more in science than in those
exclamations and spells so very frequently used in the Middle Ages and
with the help of which people tried to heal the sick, as, for instance,
through exorcisms.

Amongst the characters which are teased there is a *sacristán*:

> Halcon sacre se dize por dos cosas: La pri[mera] porque
> el primero que caço con ellos fue vn sacristan; [...]. Tu
> que [lo] as de comprar, mira que sea muy apañado, d[e]

---

[55] For an explanation of the best moments to go out hunting, to buy birds,
etc., see *Libro de los animales que cazan*, I, IX, pp. 42-46 and note 73 on p. 245.

talle de ysopo porque es muy anexo a los sacristanes (MS P$_1$, fol. 2^{r-v}).

a legalclerk:

La causa por*que* todos tyenen las cabeças p*r*ietas es por*que*l primero *que* caço con ellos fue vn escrivano [...] *que* les traya puesto su tyntero en la cabeça [...] de man*e*ra *que* con la tynta del tyntero *que*do co*n* la cabeça p*r*ieta (MS M, fol. 3^v),

and he even makes fun of the people from Biscay:

Bahari es no*n*bre viscayno. Estos falcon*e*s vienen de Viscaya, y segu*n*d turan poco con el onbre presumese *que* vienen aprender la lengua com*m*o los muchachos, y luego se van y apañan lo *que* pueden a su dueño (MS M, fol. 4^r).

It is a strange way of showing how the people from this province lived and learnt Castilian, though it is obviously exaggerated.

LANGUAGE AND STYLE

There are three aspects in Evangelista's language and style that must be brought into prominence: the tautology or platitude, his puns and his irony.

The high frequency of sentences like: 'y que tenga cabeça co*n* su pico y que la tenga en cabo del pescueço, porque la sy la toujese en medio paresçeria *que* tenja dos papos y cabeça no njnguna' (fol. 2^r), 'mejor las contentar*e*[i]s co*n* vn papo lleno de galljna *que* con otro vazyo de vaca' (fol. 2^r), 'que tenga dos pies, τ en cada pie quatro dedos, y en cada dedo su vña,' (fol. 2^r), 'Este falco*n* tiene esta propiedad: que jamas lo veras asentado, ant*e*s de noche τ de dia, durmjendo o velando, siempre esta en pie' (fol. 2^v) which I have extracted from the first two chapters, will give a clear idea on the most important aspect of Evangelista's style. Almost a third of his book are truisms, amusing and clear, perfectly well expresed and administered according to the topics and the different aspects of the *Libro de cetrería*.

The use of puns, very common and which will reach its peak with Francisco de Quevedo, is less frequent and not very witty, but characteristic anyway. The play on words like *sacre* and *sacristán*; the confusion between *pluma* (feather) and *plumada* (casting):

> avesles de dar la pluma τ en saliendo a caça p*ar*a que caçes con ellos, porq*ue* q*u*anto mas pluma toujeren tanto mas y mas ligero bolaran (MS M, fol. 5ᵛ),

or *hierba golondrina* (celandine) and *golondrina* (swallow):

> Salle*n* d*e*llos muy buenos golondryneros q*ue* como las golondrynas so*n* de muy gra*n*de esfuerço sy se pusiere en deffensa τ firiere al tu falco*n* en *e*l loga[r] vergonçoso, toma la dicha golondryna y mascala τ pongela en la llaga, τ sy con esto no sanare querria mas vn marauedy (MS M, fol. 2ʳ).

Irony is another element he uses time and again:

> q*ue* yo tove vno [alfaneque] q*ue*, nunca mate liebre con la vallesta nj con galgo, q*ue* se le fuese (MS M, fol. 3ᵛ),

> Mata [el milión] bien toda carne muerta (MS M, fol. 4ᵛ),

> Otros açores ay que cria*n* mucha agua en la cabeça, devesle fazer poner vn Evangeljo y criara vino (MS M, fol. 6ʳ).

In the last one there is an irreligious comparision with the miracle of the wedding-feast at Cana.[56]

The most outstanding irony used by Evangelista, however, can be read in the following three paragraphs:

> Pero porque tu açor mude tenprano, antes que los perdigones sean grandes, asles de buscar vna muda muy abrigada, que no entre en ella moxca nj gallego, y esta ha de ser vn forno; y buscad paja çentenaza y sarmjentos de çepas prietas en que se estriegue, y la paja sea vn grand braçado, y meterlo todo dentro en lo forno con el, y ponerle ally dentro vianda para vn mes y cerrarle bien la puerta. Y sueltalo dentro y ençiende las pajas porque no este ascuras, y a cabo de vn mes sacalo y fallarlo as mudado asy de plumaje como de condiçion, de manera que no lo conosçeras y nunca mas criara piojo nj arador nj menos saranpion (MS M, fol. 5ᵛ),

> Tanbien ay algunos açores que no quieren tomar el agua, y estos tales no pueden hazer cosa buena; a estos, porque lo tomen bien, busca vn buen pielago y rremanso que este bien alto, y toma vn canto que pese fasta dies libras y atagelo al pescueço con vnos dos palmos de cordel de lino aluar, y ata en el canto vn poco de carne de gallo castellano, y guardate mucho que no le heches al pescueço la nomjna del dean de Cordova por que podria ser que lleuandola se viese en peligro, y dexa caer el canto en el pielago y el açor, por cobdiçia de la carne, yra tras el canto y asy tomara el agua (MS M, fols. 5ᵛ-6ʳ),

and finally:

> Y sy quieres que mude tenprano y en vn punto, ten manera de aver agua de mayo, y fynche vna olla nueva de

---

[56] John 2. MSS P₁ and V say *majuelo* ('young vine'), probably in order to avoid the irreverence, but it destroys the joke.

> barro de Ocaña y ponla a ferujr con leña de laurel, y
> desque fyerua a borbollones tomalo de las pihuelas y
> lançalo dentro y sacalo y pasa la mano por el, y veras
> quand mudado queda tu gavilan (MS M, fol. 6ᵛ).

Through the examples we have seen up to now we can appreciate the characteristics of Evangelista's irony. Although it is witty, his irony has to be considered simply platitudinous. Let us recall the total in the last paragraph cited: *agua de mayo, olla nueva de barro de Ocaña, leña de laurel (taray* in MS V, *grana de saúco* in MS P₁); what Evangelista is trying to show is that the excessive minuciosity taken in the gathering and mixing of the ingredients to help the bird to mew is not worthwhile, it can be done by just scalding the bird, and to do so you do not need any special ingredient, just plain water, firewood of anykind and a cauldron, no matter whether pottery or metal, and at the end he is rewarded with the reader's smile.

I have shown six different aspects of Evangelista's book. Three of them are related to his personal point of view, the way he faces life, his culture and comprehension, seeing in it a kind of culmination of the evolution from the Middle Ages to the Modern Era. The other three are related to his work: we have seen in them that his writing is based on puns on the one hand, and on the other hand on the adaptation through irony and truism.

His language is fluid, agile and clear, and this is seen in the examples I have quoted. I must pin-point his laconic style, that is, how he condenses his thoughts using as few words as possible. In this sense he seems to be a follower of Juan Manuel.

Diffusion and Influence

In some other bibliography I have seen that some falconry books were attributed to Álvar Gómez de Castro; however, I have demonstrated that those do not exist: they are but a few notes and quotations taken from Pero López de Ayala's *Libro de la caça de las aves* (notes that I have already published) and, quoting Gómez de Castro, 'Del librico de

Euangelista de Cortona'.[57] This settles the question of the existence of a hawking treatise written by Álvar Gómez de Castro. So, as I have just said, what the latter did was simply to extract some sections from both works. I think I have managed to identify the manuscript, or at least the type of manuscript he used. For this I rely on the following section:

> Que son todos carne y no pescado, y que si lo fueran, trabajo tenian los caçadores en Abila y en Segovia, que las alcándaras en inuierno estarian debaxo del agua y auria de tener calabaças por cascaueles (MS E, fol. 15ᵛ).

It has been copied down from a manuscript similar to P_1, in which it can be read:

> Estos bornis son de carne por gracia de Dios, que si fuesse[n] de pescado, en sacandolos del agua moririan y avelles de hazer alcandara debaxo del agu[a], ¿que sintirian los que los tienen en Segovia o en Avila en ivierno y tanbien en lugar de castañales? Les avian de poner calabaças, de otra manera ahogarse ian, que no sabran nadar (fols 3ʳ⁻ᵛ).

Around 1510 Nebrija remembers that:

> Este Evangelista escrivió un libro De Acetrería, donde hablando de las cosas de aquel Arte de la Etimología de los nombres de Halcones et Azores, dice que Sacre se llamó porque el primero que cazó con aquel ave, fue un Sacristán; i que se llamó Girifalte, porque parece que jura falso. Et que se llamó Bahari porque de sí echa tal baho, que es pestilencial, et matadero de hombres.[58]

---

[57] José Manuel Fradejas Rueda, 'El supuesto *Libro de cetrería* de Álvar Gómez de Castro', *RLM*, 1 (1989), 15-30.

[58] 'Epístola', p. 494.

And what is even more, embedded in literary works of proven value, some reminiscences can be found.

Some years after Evangelista wrote his book, Juan del Enzina writes in his *Almoneda*:

> y un libro de cetrerías
> para caçar quien pudiere,
> y unas nuevas profecías,
> que dizen que en nuestros días
> será lo que Dios quisiere.[59]

These last words coincide with those embedded in his platitudinous *Profecía*.[60] Probably coming down from Juan del Enzina, Francisco de Quevedo puts in the mouth of Pero Grullo the following:

> Muchas cosas nos dejaron
> Las antiguas profecías:
> Dijeron que en nuestros días
> Será lo que Dios quisiere.[61]

Not all of them talk about the *Libro de cetrería*, but all do talk about the prophecies which are found at the end of MS M, which gives an idea of Evangelista's popularity at that time.

There is one more quotation that could not have come down from any other source but from the *Libro de cetrería* itself, and which appears in Alonso Velázquez de Velasco's *La Lena* or *El celoso*:

---

[59] Juan del Enzina, 'La almoneda', *Obras completas*, II, ed. Ana María Rambaldo, Clásicos Castellanos, 219 (Madrid: Espasa-Calpe, 1978), p. 2, lines 22-27.

[60] The most recent edition of Evangelista's *Profecía* is the one by Ángel Gómez Moreno 'Profecía de Evangelista: al rescate de un autor medieval', *Pluteus*, 3 (1985), 111-29.

[61] Francisco de Quevedo, 'Visita de los chistes', *Los sueños*, ed. Julio Cejador Frauca, Clásicos Castellanos, 31 (Madrid: Espasa-Calpe, 1972), pp. 252-253.

> No sea como el ave de caza, de quien dijo aquél ser
> bastante para mantener una casa en hambre y laceria
> aunque tenga veinte personas[62].

These are the very same words with which the chapter on *tagarotes* ends. This gives an idea of the popularity of Evangelista's *Libro de cetrería* even in the XVIIth century.

To that is to be added the reworking that, under the title 'Falcones trigueños' and 'Falcones matalones', is found at the end of Hispanic Society of America MS B-2583 which contains a XVth-century copy of Pero López de Ayala's *Libro de la caza de las aves*. According to Charles B. Faulhaber[63] they are in the hands of Pirineo and the Count Grajal, successive owners of this manuscript, and can be dated to the XVIth and XVIIth centuries respectively. That shows that although Evangelista's *Libro de cetrería* was a biting criticism of falconry, nevertheless it was read and celebrated by practitioners of that sport. Nobody has paid any attention to these sections because they were merely catalogued under the generic heading of additional material —I prefer to label them rather as *Recetas varias*[64]— found at the end of Pero López de Ayala's manuscripts. These are the two short reworkings:

> Falcon trigueño es el que juro recio i tiene poco
> entendimiento. No le compres muerto por los muertos
> prueban mal en esta tierra. Tanpoco an de ser tan biuos
> que buelen mucho porque se remontarían y iran a dar con
> su cuerpo en Getafe, que es tierra caliente y mui saludable
> para aues de tanto punto y entendimiento como los
> falcones. Que sea quieto y de buen notural, y de color
> castano porque los negros son mui melindrosos, y no

---

[62] Alonso Velázquez de Velasco, *La lena* (Valencia: Prometeo, [s. a.]), act V, scene III, p. 196.

[63] Charles B. Faulhaber, *Medieval Manuscripts in the Library of the Hispanic Society of America: Religious, Legal, Scientific, Historical, and Literary Manuscripts* (New York: HSA, 1983), p. 407.

[64] See key-entry **AK** in my *Bibliotheca cinegetica hispanica*, pp. 77-78.

querán comer sino comidos regalados como si digeramos sapos y ratones, que es comida calien[te] y asienta mui bien las tripas. Albiertoto le segundo que no sea mermejo porque son falsos y mui grabes, que son dos propiedades mui malas para ir el caçador ba consado de negro blanco se buelue pardo

and:

De los falcones matalones

Falcon matalon es que gura recio i no abla recio. Come carne en los biernes, si se la dan la comeran a que sea sabado por la tarde, i si se la das por samana tanbien la comeran; adbierte que si esta muerto no la comerá. Atiende que es la megor caca para andar apre (?) q*ue* es posible.

MANUSCRIPTS AND EDITIONS[65]

MADRID, BIBLIOTECA NACIONAL (M)

In 1877, in the first issue of the *ZRP*, Antonio Paz y Melia published what was believed to be the complete works of Evangelista according to the oldest and best manuscript known to date: MS Q 224 housed in the National Library at Madrid whose current press mark is MS 6052. After a detailed search of that manuscript I could not find any trace of these two texts. However, in a card catalogue not available to the

---

[65] I studied all these in a previous paper 'Manuscritos y ediciones del *Libro de cetrería* de Evangelista', *Varia Bibliographica: homenaje a José Simón Díaz* (Kassel: Edition Reichenberger, 1987), pp. 283-288. So I simply offer here a brief account, because I am leaving aside MS E because it is not a direct witness. And to the indirect witnesses are to be added two more: a XVIIth-century copy of MS E found in BNM MS 9939 (*olim* Ff-102), that will carry the abbreviation N, plus the reworking already seen in the previous section, which carries the abbreviation H.

general public I was able to read that 'posiblemente estaban [these two works] entre los folios CCLXXIV a CCLXXXIV que están cortados a cuchilla'. That *posiblemente* can be replaced immediately by a *sin duda* if we take into account what José Gutiérrez de la Vega says in his 'Biblioteca venatoria española':

> Está comprendido en un volúmen en 4°, ocupando diez hojas. Las cuatro últimas páginas son la profecía de Evangelista. Dicho volúmen comienza 'Novela que Diego de Cañizares de latín en romance, declaró y trasladó de un libro llamado *Scala coeli*'.[66]

Sure enough, all the facts given by Gutiérrez de la Vega match with those of MS 6052. According to that, these two texts were to be considered as lost, and until quite recently they were lost, but nobody knows how they returned to the Biblioteca Nacional under the press mark MS 21549.

This new version, if I may describe it thus, consists of a volume written on paper measuring 202 x 132 mm. with a variable writing area. Unfoliated, though there are still some traces of an old numbering that was scraped off. Sometimes the damage caused by the scraping has been repaired with thin paper. A rubber stamp seems to have been erased on folio 11^r, probably that of the Biblioteca Nacional. This volume consists of four flyleaves; one of them is of the very same type as those on which the *Libro de cetrería* is written; eleven more on which the text is written, and at the end a blank leaf of another kind of paper. It is written in two different coloured inks: red ink is used mainly for rubrics and paragraph signs, and black-brownish ink is used for the main text. It is bound in green leather with gilded decorations. The binder's title on the spine reads 'Libro de cetrería'.

Evangelista's *Libro de cetrería* begins on folio 2^r:

Libro de cetrería que hyzo

---

[66] Alfonso XI, *Libro de la montería*, I, ed. José Gutiérrez de la Vega (Madrid: M. Tello, 1877), p. clvi.

and finishes on folio 9^r:

pelado e syn vnguento.

This version of the *Libro* consists of fourteen chapters of which only the first one is numbered, plus two final sections entitled 'Como se deven curar los falcones' and 'Como se a de purgar el falcon'.

Three editions of this witness have been published. The first in 1877 in the *ZRP*, with a brief introduction, the text with the variant readings offered by MS P$_1$, endnotes and a final glossary.

The second edition was published in the series Escritores Castellanos, in the volume entitled *Sales españolas*.[67] In this edition the textual variants are not recorded, and the prologue was rewritten to include all the works published in the volume.

The third edition was published in 1964 by Ramón Paz. Its only difference from that of 1890 is that the final notes were not edited, and some minor changes, mainly orthographic, were introduced in the text.

The best edition is the first one (1877) since it is palaeographic, though there are some misreadings.

VIENNA: ÖSTERREICHISCHE NATIONALBIBLIOTHEK (V)

In 1867 Adolf Mussafia published in his paper 'Über eine spanische Handschrift der Wiener Hofbibliothek'[68] the chapter on gerfalcons, a list of contents (it does not exist in the MS), and the section on purges with which Evangelista's *Libro de cetrería* concludes in the manuscript in the österreichische Nationalbibliothek in Vienna. This article was mentioned by Paz y Melia (p. 223), Gutiérrez de la Vega (p. clv), Francisco de Uhagón[69] and Enrique de Leguina,[70] and nothing else was

---

[67] 'Libro de çetreria, y profecia de Evangelista. (*Siglo* XV.- B.N. Q.224)', *Sales españolas o agudezas del ingenio nacional (1ª serie)*, ed. Antonio Paz y Melia (Madrid: M. Tello, 1890), pp. 1-31.

[68] *Sitzungsberichte der kaiserlichen Akademie der Wissenschaften*, 56 (1867), 83-124; the section dealing with Evangelista is on pp. 104-06.

[69] Francisco de Uhagón, *Estudios bibliográficos: la caza* (Madrid: Ricardo Fe,

known about this manuscript until 1957 when Walter C. Kraft published his *Codices Vindobonenses Hispanici*.[71]

It is Codex Vindobonensis Palatinus 5941, a XVIth-century copy written on paper measuring 205 x 152 mm., 185 folios written in an italic script. As was the case with the original appearance of the Madrid manuscript, it is a miscellaneous volume in which there are five more works, including Evangelista's *Libro de cetrería*, which is located between folios 148^r and 160^r. It consists of fifteen chapters plus two unnumbered final sections entitled 'Auisos para caçar' and 'De las purgas'.

It begins on folio 148^r:

Libro de çetreria que hiço Ebangelista

and ends on folio 160^r:

que palabras y plumas el viento las lleua

MADRID: BIBLIOTECA DE PALACIO (P₁)

It is MS II-1019 (*olim* 2-H-6), a XVIth-century copy. Written on paper measuring 192 x 152 mm. It has eighteen leaves: a blank one, fifteen foliated which held the text, and two more blank leaves. It is written in black ink. On some folios the beginning of the lines on the verso side and the end of the lines on the recto side are lost because the edges were trimmed when it was bound. This is the reason why folio numbering on folios 1-3, 8, 12, and 14 is totally or partially lost. It is hardbound in what is known as *pasta española*; it has gilded decorations on the paper edges. In order to bind the manuscript, a strip of thin paper was pasted to every leaf. On the spine there is a red label with the binder's title 'LIBRO / DE / CETRERÍA'.

1886), p. 26.

[70] 'Noticia de algunos libros españoles que tratan de cetrería', *El Campo*, 1:2 (1876), 17 and 'Libros españoles de cetrería', *Arte antiguo* (Madrid: Ricardo Fe, 1910), pp. 229-30.

[71] (Corvallis: Oregon State College, 1957).

It begins on folio 1^r:

Este libro de çetreria fizo evangelista

and ends on folio 15^r:

y no podria bolar aunque sanasse
fin

It consists of nineteen numbered chapters. This implies it is the longest version I have knowledge of.

It has been published twice, but neither of these editions is complete. It was first published in 1876 by Enrique de Leguina in a newspaper article under the title 'Noticias de algunos libros españoles que tratan de cetrería',[72] and reedited in 1910 under the title 'Libros españoles de cetrería'.[73] On these two occasions he only published some excerpts. The other editorial treatment of this manuscript was in the form of textual variants in Paz y Melia's 1877 edition.

MADRID: BIBLIOTECA DE PALACIO (P₂)

This copy of Evangelista's *Libro de cetrería* is included in the miscellaneous manuscript II-570 (*olim* 2-J-4), a XVIIth-century witness entitled according to the binder's title on the spine label 'Poesías varias'.

The paper on which it is written measures 291 x 210 mm and the writing area is marked in three different arrangements with orange/pale red ink. Those in which Evangelista's text appears have an arrangement which I labelled A; the resulting writing area measures 234 x 144 mm. This is the type of arrangement which is to be found from folio 2 up to folio 105. The paper is also of three different kinds though Evangelista's work is written on just one of them, the one with a watermark which represents an open hand with a five point star which grazes the end of the middle finger. There are two foliations, one in ink in the same hand as that of the text,

---

[72] *El Campo*, 1:2 (1876), 15-17.

[73] *Arte antiguo* (Madrid: Fernando Fe, 1910), pp. 297-30.

and another one in pencil by a modern foliator. They do not always match. Hardbound in *pasta española* with gilded decorations. On the verso side of the first flyleaf there are two modern short notes written in pencil; the second one is rather interesting as it gives us an idea about one of the possible owners of the manuscript

> Este libro pert° sin duda
> á la Bibl. de Gondomar.

The *Libro de cetrería* I am dealing with at the moment is to be found between folios 79^r and 80^r, and the text is the thirteenth in the volume. In the upper margin, just above the line which frames the writing area, is the title:

> Libro de zetreria

and it ends, unfinished, on folio 80^r:

> debaxo deel agua lo qual seria graue cosa

This manuscript is an incomplete copy for it only has the prologue, chapters one and two and the beginning of chapter three. Recently Carmen Ponz Guillén[74] has made for her doctoral dissertation a palaeographic transcription.

MADRID: REAL ACADEMIA DE LA HISTORIA

Paz y Melia in his edition talks about another copy housed in the Real Academia de la Historia, but due to lack of accurancy in the press mark he could not find it. Paz y Melia's reference is recorded by Francisco de Uhagón in his *Estudios bibliográficos* (p. 26) and by Enrique de Leguina.[75]

---

[74] *El manuscrito 570 de la Biblioteca Real y la obra de Damasio de Frías*, Doctoral dissertation. UNED, Madrid, 1990, vol. 2, pp. 200-02.

[75] *Arte antiguo*, p. 219 n. 1. In the edition in *El Campo* he does not mention

I have thoroughly searched this library for such a copy, but though I have found several hunting manuscripts,[76] I have not been able to find this one. Possibly there may have been some confusion with MS P$_2$, but there is no evidence to prove it.

---

it.

[76] Entries Ea1; Ha1; AAa16; AKa11-12; AOa3 and AVa8 of my *Bibliotheca cinegetica hispanica* hold more information about the hunting works housed in the Real Academia de la Historia.

ABBREVIATIONS

ACA	Ferreira, Diogo Fernandes Ferreira, *Arte da caça de altaneria*. Lisboa: Jorge Rodrigues, 1616.
AHLM	Asociación Hispánica de Literatura Medieval.
BAPLE	*Boletín de la Academia Puertorriqueña de la Lengua Española*, San Juan, Puerto Rico.
BCH	Fradejas Rueda, José Manuel. *Bibliotheca cinegetica hispanica: bibliografía crítica de los libros de cetrería y montería hispano-portugueses anteriores a 1799*. Research Bibliographies and Checklists, 50. London: Grant & Cutler, 1991.
BNM	Biblioteca Nacional, Madrid.
BNP	Bibliothèque Nationale, Paris.
BPR	Biblioteca del Palacio Real, Madrid.
BRAE	*Boletín de la Real Academia Española*, Madrid.
Cov.	Covarrubias, Sebastian de. *Tesoro de la lengua castellana o española*, ed. Martín de Riquer. Barcelona: Horta, 1943.
DA	*Diccionario de autoridades*. 3 vols. Madrid: Gredos, 1963.
DCECH	Corominas, Juan & José Antonio Pascual. *Diccionario crítico etimológico castellano e hispánico*. 6 vols. Madrid: Gredos, 1981-91.
DEM	Müller, Bodo. *Diccionario del español medieval*. Heidelberg: Carl Winter - Universitätsverlag, 1987-.
DME	Alonso, Martín. *Diccionario medieval español: desde las Glosas Emilianenses y Silenses (s. X) hasta el siglo XV*. 2 vols. Salamanca: Universidad Pontificia, 1986.
DRAE	Real Academia Española. *Diccionario de la lengua española*. 2 vols. Madrid: Espasa-Calpe, 1984. 20th edition.
HSA	Hispanic Society of America, New York.
JM	Juan Manuel, *Libro de la caza*, *Obras completas*, I, ed. José Manuel Blecua. Madrid: Gredos, 1981.
JS	Sahagún, Juan de. *Libro de las aves de caza*. Beinecke Rare Book and Manuscript Library, MS 138.
JV	Vallés, Juan. *Libro de acetrería y montería*. Ed. José Manuel Fradejas

Rueda. Madrid: Círculo de Bibliofilia Venatoria (forthcoming).

LAC   *Libro de los animales que cazan*, ed. José Manuel Fradejas Rueda.
Biblioteca Cinegética Española, 20. Madrid: Casariego, 1987.

NEF   *Notas y Estudios Filológicos*, Pamplona.

NRFH   *Nueva Revista de Filología Hispánica*, Mexico.

ÖNB   Österreichische Nationalbibliothek, Vienna.

PLA   López de Ayala, Pero. *Libro de la caça de las aves*, ed. John G.
Cummins. London: Tamesis Books, 1986.

RABM   *Revista de Archivos, Bibliotecas y Museos*, Madrid.

RAE   Real Academia Española, Madrid.

RAH   Real Academia de la Historia, Madrid.

RFE   *Revista de Filología Española*, Madrid.

RLM   *Revista de Literatura Medieval*, Alcalá de Henares.

UNED   Universidad Nacional de Educación a Distancia, Madrid.

Whinnom Whinnom, Keith. *A Glossary of Spanish Bird Names*. London:
Tamesis Books, 1966.

ZRP   *Zeitschrift für romanische Philologie*, Tübingen.

BIBLIOGRAPHY

CASTILLON D'ASPET, H. *Règlements sur la chasse en général par don Sancho le Sage, roi de Navarra, publiés en l'année 1180.* Paris: Auguste Goin, 1874.

CHAMERLAT, Christian Antonie de. *Falconry and Art.* London: Sotheby's Publications, 1987.

CUMMINS, John G. *The Hound and the Hawk: The Art of Medieval Hunting.* London: Weidenfeld and Nicolson, 1988.

DALBY, David. *Lexicon of the Mediæval German Hunt: A Lexicon of Middle High German Terms (1050-1500), associated with the Chase, Hunting with Bows, Falconry, Trapping and Fowling.* Berlin: Walter de Gruyter, 1965.

FAULHABER, Charles B. *Medieval Manuscripts in the Library of the Hispanic Society of America: Religious, Legal, Scientific, Historical, and Literary Manuscripts.* New York: HSA, 1983.

FERNÁNDEZ DE OVIEDO, Gonzalo. *Quinquagenas de la nobleza de España.* Madrid: RAH, 1880.

FRADEJAS LEBRERO, José. *Libros medievales de cetrería.* Unpublished doctoral dissertation. Madrid: Universidad Complutense, 1967.

FRADEJAS RUEDA, José Manuel. *Tratado de cetrería: texto, gramática y vocabulario (según el MS 9 de la RAE).* Madrid: Universidad Complutense, 1983 [1985].

----- (ed.). *Antiguos tratados de cetrería castellanos.* Alcotán 2:1. Madrid: Caïrel, 1985.

-----. 'Las fuentes del *Libro de la caza* de don Juan Manuel', *BAPLE*, 14:2 (1986), 35-42.

-----. 'Manuscritos y ediciones del *Libro de cetrería* de Evangelista', *Varia Bibliographica: homenaje a José Simón Díaz.* Kassel: Edition Reichenberger, 1987, pp. 283-288.

-----. 'Los paramientos de la caza', *Príncipe de Viana*, 49 (Sep-Dec, 1988), 741-74.

-----. 'El supuesto *Libro de cetrería* de Álvar Gómez de Castro', *RLM*, 1 (1989), 15-30.

-----. 'Los manuscritos del *Libro de la caza de las aves*: intento de una clasificación y descripción del MS Krahe', *Epos*, 5 (1989), 497-507.

-----. 'El *Libro de la caza*: ¿Halcones abaneros o halcones altaneros?', *La Corónica*, 18:2 (1989-90), 77-82.

-----. *Bibliotheca cinegetica hispanica: bibliografía crítica de los libros de cetrería y montería hispano-portugueses anteriores a 1799.* Research Bibliographies and Checklists, 50. London: Grant & Cutler, 1991.

-----. 'Otro manuscrito más del *Libro de la caza de las aves* de Pero López de Ayala', *NEF*, 7 (1992, forthcoming).

-----. '*Acetrería, altanería, cetrería, halconería, volatería*: notas léxicas', *RFE*, 72 (1992, forthcoming).

GÓMEZ MORENO, Ángel. '*Profecía* de Evangelista: al rescate de un autor medieval', *Pluteus*, 3 (1985), 111-29.

GUTIÉRREZ DE LA VEGA, José (ed.). Alfonso XI, *Libro de la montería*. Madrid: M. Tello, 1877.

-----. 'Bibliografía venatoria española', Alfonso XI, *Libro de la montería*, I. Madrid: M. Tello, 1877. Pp. cxxvii-ccxix.

HANDS, Rachel. *English Hawking and Hunting in 'The Boke of Saint Albans: A Facsimile Edition of Sigs. a2-f8 of 'The Boke of Saint Albans' (1486).* Oxford: University Press, 1975

HARTING, James Edmund. *Bibliotheca Accipitraria: A Catalogue of Books Ancient and Modern relating to Falconry.* London: Bernard Quaritch, 1891.

HOAD, T. F. (ed.). *The Concise Oxford Dictionary of English Etymology.* Oxford: Clarendon Press, 1987.

KRAFT, Walter C. *Codices Vindobonenses Hispanici.* Corvallis: Oregon State College, 1957.

LASCELLES, Gerald. *The Art of Falconry.* Saffron Walden: C. W. Daniel, 1985.

LEGUINA, Enrique de. 'Notica de algunos libros españoles que tratan de cetrería', *El Campo*, 1:2 (1876), 17.

-----. 'Libros españoles de cetrería', *Arte antiguo*. Madrid: Ricardo Fe, 1910, pp. 229-30.

LÓPEZ DE AYALA, Pero. *Libro de la caça de las aves*, ed. John G. Cummins. London: Tamesis, 1986.

LUPIS, Antonio and Saverio Panunzio, '*La pistola a Tolomeu emperador d'Egipte en la tradició venetòria medieval romànica i l'estructura epistolar del gènere venatori*', *Estudis de llengua i literatura catalanes*, 15 (1987), *Miscel·lània Antoni Badia i Margarit*, 7, Barcelona: Publicaciones de l'Abadia de Montserrat, 1987, pp. 13-53.

MONTANDON-HUMMEL, Madeleine (ed.). *Pero López de Ayala, 'Libro de cetrería'. Edición basada en los códices del siglo XV.* Basel, 1986.

MUSSAFIA, Adolf. 'Über eine spanische Handschrift der Wiener Hofbibliothek', *Sitzungsberichte der kaiserlichen Akademie der Wissenschaften*, 56 (1867), pp. 83-124.

OLMEDO, Félix G. *Nebrija (1441-1522)*. Madrid: Editora Nacional, 1942.

OSWALD, Allan. *The History and Practice of Falconry*. Jersey: Neville Spearman, 1982.

PAZ Y MELIA, Antonio (ed). '*Libro de cetrería* de Evangelista y una profecía del mismo, con prólogo, variantes, notas y glosario', *ZRP*, 1 (1877), 224-225.

-----. 'Libro de çetreria, y profecia de Evangelista. (*Siglo* XV.- B.N. Q.224)', *Sales españolas o agudezas del ingenio nacional (1ª serie)*. Madrid: M. Tello, 1890, pp. 1-31.

RODRÍGUEZ DE LA FUENTE, Félix. *El arte de cetrería*. México: Noriega, 1986.

SALVIN, Francis Henry and William Brodrik. *Falconry in the British Isles* (1855). London: The Tabard Press, 1970.

SENIFF, Dennis P. (ed.). Francisco Javier de Santiago y Palomares, *Selected Writings, 1776-95*. Exeter Hispanic Texts, 38. Exeter: University of Exeter, 1984.

TILANDER, Gunnar (ed.). *Dancus rex, Guillelmus falconarius, Gerardus falconarius, les plus anciens traités de fauconnerie de l'occident publiés d'après tous les manuscrits connus*. Cynegetica, 9. Lund, 1963.

-----. *Dois tratados portugueses inéditos de falcoaria: 'Livro que fez Enrique emperador d'Alemanha' e 'Livro que fez o mui nobre rei d'Ancos' publicados com 'Phisica avium'*. Cynegetica, 15. Karlshamn, 1966.

UHAGÓN, Francisco de. *Estudios bibliográficos: la caza*. Madrid: Ricardo Fe, 1886.

WERTH, H. 'Altfranzösische Jagdlehrbücher nebst Handschriftenbibliographie der abendländischen Jagdlitteratur überhaupt', *ZRP*, 12 (1888), 146-91, 381-415; 13 (1889), 1-34.

WOODFORD, Michael H. *A Manual of Falconry*. London: Adam & Charles Black, 1977. 3rd edition.

LIBRO DE CETRERÍA

MANUSCRIPT M

[fol. 2ʳ]

¶ Libro de çetreria que hyzo Euangelista corriendo fortuna por el golfo de Leon, a Dios mjsericordia, por no estar vçioso. Y trata de las aues de rrapyna, de los talles y plumajes y propiedades de cada vna, y de los goujernos y curas para sus dolençias como adelante oyres.

¶ Capitulo prymero. Del falcon gyrifalte.

¶ Ffalcon gyrifalte se dize por falcon que jura falso, y tales son ellos ¶ Causalo que se engendran dentro en el huevo y naçen dentro en el njdo y asy se cryan jasta[77] que saben bolar. ¶ Tu, caçador, que lo jas de comprar, mjra que sea de talle de lanterna y el plumaje de color de su madre; y que tenga cabeça con su pico y que la tenga en cabo del pescueço, porque la sy la toujese en medio paresçeria que tenja dos papos y cabeça no njnguna. Et sobre todo mjra que sea abiuado porque los muertos apruevan muy mal en Castilla, que sallen floxos τ desmayan y pierden el comer jasta que se secan. Son aves muy bien acondiçionadas que mejor las contentare[i]s con vn papo de galljna que con otro vazyo de vaca. ¶ Sallen dellos muy buenos golondryneros que como las golondrynas son de muy grande esfuerço sy se pusiere en deffensa τ firiere al tu falcon enel loga[r] vergonçoso, toma la dicha golondryna y mascala τ pongela en la llaga, τ sy con esto no sanare querria mas vn marauedy.

¶ Capitulo de los sacres

¶ El falcon sacre es asy llamado porque el primero que caço con ellos fue vn sacrystan. Sy oujeres de comprar alguno, mjra que sea muy apañado, de fechura de gujsopo. τ su plumaje de vna colorçilla qual mas te agradare y que tenga dos

---

[77] In a few instances some words will be spelled with a *j* instead of *f* or *h*, because the letter used by the scribe does not actually look like an *f* or *h* due to a prolonged ascender stroke.

5

pies, τ en cada pie quatro dedos, y en cada dedo su vña, et sy no [fol. 2ʳ] lo supieres bien contar, sacarlohas por el cuento de la luna en el año que no ay vissiesto. ¶ Este falcon tiene esta propiedad: que jamas lo veras asentado, antes de noche τ de dia, durmjendo o velando, siempre esta en pie. ¶ Y como sea ave pesada y siempre carga sobre los pies, salen los mas gotosos. Jazlos de g[u]ardar de las çidiervedas τ de toda verdura peliaguda. Sete dezyr que mata muy denodadament la gall[j]na prieta puesta en el señuelo, y tanto se atreve a ellas que a las vezes se jalla mal dello. ¶ Y sy por caso la gall[j]na te firiere tu falcon, pelala τ g[u]arda bien la pluma para el jospital, porque sy mucho te das a la caça no sabes en que te jas de ver, y embiame la gall[j]na a mj posada, que por su sabor sacare la rreçebda para tu falcon.

Capitulo de los falcones bornjes

¶ Bornj es nombre gujneo que qujere dezyr prouechoso, y asy lo es verdaderamente. Y pareçen vn poco en el plumaje a los sacres, pero alguna differençia ay en ellos, ¶ por quel bornj tiene desdel pescueço jasta las rodillas lleno de pluma. El pollo desta rralea tyra a buriel, y el que es mudado a pardillo. ¶ Tyene jartas propiedades buenas: ¶ la primera que cada año vna vez y de quantas mudas muda, de cada vna dellas tiene su dueño vn año mas τ el falcon otro punto. ¶ E mirad otra maraujlla, que en la casa donde no ay mas de vno ympossyble es de jallar dos avnque la trastornes toda. ¶ Y estos bornjes aves de crer que son de carne porque sy fuesen de pescado, en sacandolos del agua moririan y aujadesles de jazer el acandara debaxo del agua; y en [fol. 3ʳ] lugar de caxcabeles les aviades de poner calabaças porque de otra manera afogarse yan por que no saben nadar. Salen dellos muy buenos perdigueros, espeçial vnos que son de talle de gujtarra tenjendolos bien destenplados al destenple, y saliendo a caçar en dia que no sea aziago, no sera maravilla que, con el y con vna rred tyradera, que maten de cada buelo vna vanda de perdizes, queriendo ellas entrar en la rred.

¶ Capitulo de los alfaneques

¶ Alfaneque quiere dezyr en aravigo afanador. Estos falcones vienen de allende y son de talle y plumaje y condiçion y tamaño no mas nj menos que Dios los fizo. Y tyenen dos cosas en que los conosçeras entre los otros falcones: la primera que tyenen el pico rretornado; la otra que tyenen el colodrillo en derecho de la cola. Son falcones de muy buena yazija. Tyenen otra cosa muy buena, que

6

nunca tosen nj escupen, que no ay cosa mas aborreçida para el caçador que el halcon tosyco. Pero tyenen vn mal, que comen carne en viernes y en cuaresma, que todo lo fazen ygual a la ley morisca. ¶ Mas tanbien fazen otra cosa muy buena, que sy lo tyenes muy bien tenplado, y el lo ha gana, tan bien bolara en martes como en lunes, pero aslos de llevar cavalgando ca son muy malos peones, y aslos de lleuar los pies puestos en la mano, porque sy de espaldas los pones estaran piernas ariba, y tyenen la pluma tan delgada que todas se rroçarian. Y quando lo sacares a caçar mjra que lleve sus alas amas a dos, porque mejor [fol. 3ᵛ] buelan con dos que con vna. Salen destos muy buenos lebreros, pero con su fiuzia no dexes de lleuar buen galgo, que yo tove vno que, nunca mate liebre con la vallesta nj con galgo, que se le fuese.

Capitulo de los tagarotes

¶ ¿Quieres saber por que se llaman tagarotes? Preguntagelo, que a mj nunca me lo han querido dezir. Estos son vnos falcones ochavados commo huevo. Y quieren paresçer a los baharies, pero en la cabeça y en la cola los conosçeras, que la cabeça todos la tyenen prieta y la cola les salle del obispillo. La causa porque todos tyenen las cabeças prietas es porquel primero que caço con ellos fue vn escrivano, y como sean falcones desaprovechados, tanto se djo a ellos que vino en nescesidad de no tener para les conprar capirotes, de manera que les traya puesto su tyntero en la cabeça y, sy alguno le demandaua algu[n]d testimonjo de algo que antel pasaua, no gelo osaua quitar porquel falcon no se debatyese, y asy enpobreçio, que no tenja que comer, de manera que con la tynta del tyntero quedo con la cabeça prieta y desde estonçes todos salen cabezprietos. Tyenen vna propiedad, que syenpre duermen con la cabeça debaxo del ala, y fazenlo por esto: tu sabras que quanto fazen de dia estando despiertos, tanto fazen de noche durmjendo. Y este escrivano tenja tres destos falcones, ques vna muda entera, y estando en la vara syenpre estauan jugando al avejon por pasar tienpo, y de mjedo que asy jugarian entre sueños, acordaron entre sy de poner las quyxadas a buen rrecabdo porque no alcançase alguna bofetada el vno al otro; y por esta cavsa ponen las cabeças debaxo de las alas. Son falcones muy malenconyosos [fol. 4ʳ] y por qualquier cosa finchan fasta rreuentar. [Deue]s mucho mjrar que quando los conprares que tengan vn espiradero debaxo de la cola por que sy fyncharen no rrebienten. Y avn digo que son falcones de poco prouecho, ¶ pero madrugandolos mucho y bien estregados, caçando con dos o tres juntos, y por tierra blanda que no aya pedregal, son bastantes de fartar vna casa de fanbre y lazeria todo el año, avnque en ella aya veynte personas.

7

¶ *Cap*itul*o de los baharies*

¶ Bahari es no*n*bre viscayno. Estos falco*n*es vienen de Viscaya y segu*n*d turan poco con el onbre presumese q*ue* vienen aprender la lengua com*m*o los muchachos, y luego se van y apañan lo q*ue* pueden a su dueño, q*ue* asy me fizo vno, q*ue* acabo de vn mes me lleuo vnas pihuelas nuevas y vnos caxcaveles y vn capirote en la⁷⁸ cabeça por no aver frio. Estos falcones son de plumaje de sus anteçesores. Son muy ligeros, ta*n*to q*ue* dexan de correr y buelan y parescen q*ue* no ponen los pies en el suelo, tanto q*ue* serian buenos p*ar*a lleuar c*ar*tas sy bolujesen co*n* la rrespuesta, mas cada dia buscan vn amo nuevo y luego lo fallan, porq*ue* no q*u*ieren otro salario syno q*ue* les fagan la costa, q*ue* lo otro ellos se lo baratan. Estos falco*n*es son dolientes de la yjada y crian piedra, y por esto as de caçar con ellos apedradas q*ue* vna piedra saca otra. Y as de yr ençima de buen cauallo, y a las vezes el cauallo ençima de ty, q*u*anto mas sy le pones las piernas por buen atochal. Estos matan asa*o* rraleas, p*er*o lo çierto lo q*ue* mas matan son rroçines de caçador*es*, y a las vezes al mjsmo caçador de fanbre y de sed, andando dando bozes por los yermos: '¿Vist*es* aca mj abuelo⁷⁹?'.

[fol. 4ᵛ]   ¶ *Cap*itul*o*⁸⁰ *de los mjliones*

¶ Mjlion q*u*iere dezir mjll onbres, y segu*n*d es ave grande tanto y mas ay en el que en ellos. Algu*n*os dizen q*ue* no es este su no*n*bre, p*er*o preguntajelo, q*ue* yo no le se otro. Estas son aves muy cortas de rrazones y muy conplidas de çancas y cola y pescueço, *τ* ta*n*to q*ue* puesto en la mano su pico os llegara çerca del ojo, p*er*o por q*u*itar ynconvinjentes syenpre le deues tener dado vn nudo en el pescueço de man*er*a q*ue* le q*u*ede vn palmo. Son aves muy trabajosas de fazer, p*er*o despues de fechas no q*ue*rriades ser naçido con ellas. Sallen dellas muy buenas, en espeçial vnas q*ue* son de talle de aluarda. Y su plumaje es de color de alaçor. Mata bien toda carne muerta. Su comer de contyno es atavio d*e* la gineta asy como caparaçones y albornozes y borzegujs y avn el borzigujlero con sus formas y chanbariles se lleuara por pluma sy no se pone a bue*n* rrecabdo. Puedes caçar con el dos vezes en vn dia, con la mjtad a la mañana y con la otra mjtad a la tarde, q*ue* bien ay p*ar*a todo. Y sy te preguntares p*ar*a q*ue* es di q*ue* p*ar*a meter en culo a pregunta-

---

⁷⁸ capirote enla] c. do e. *do* deleted.

⁷⁹ Corrected from *aguelo* to *abuelo*.

⁸⁰ *apitulo* added by another scribe.

dores. Y la cola de fuera porque sy se quesyere sobir al çielo pueda sobir sobre la cola a mengua descalera. Sete dezir que te enxalvegara vna casa en vna noche.

Capitulo delos neblies

¶ Los falcones neblies son asy llamados porque son de color de njebla. τ son aves muy preçiadas de prinçipes y grandes señores. Estos caçan en altaneria entre el çielo τ la tierra, y en espeçial los que son de talle de bexiga llena de viento sallen muy livianos, por que asy es la bexiga de las cosas mas livianas de[l] mundo; y vnos que tyenen los ojos debaxo de las çejas [fol. 5ʳ] y el caxco a par de las narizes son muy denodados. ¶ As de caçar con ellos en esta manera: antes que le eches de la mano, sacale todo el menudillo del cuerpo porque buele mas ligero. ¶ Allende de mucha[s] rraleas tyene muy grande omezillo con los lavancos y con las garças. La cavsa desto es porque los nebljes todos se solian çevar en palomas, y vn dja andando a buscar de comer, despues que se çevo en vna paloma, fuese a tomar el agua en vna laguna que staua llena de lavancos y de garças, y como los lavancos son las aves del mundo mas luxuriosas, como lo vieron bien mojado, antes que se enxugase, arremetyron a el y desvirgaronle. Dixeron las vnas a las otras: '¿Quereys que lo comamos?' Dixeron: '¡Sy! Mas ¿como lo comeremos?' Dixeron las otras: '¡Asado! Mas ¿ques el asador?' Dixo la mas atrevida: 'Y ¿para que me djo Dios este pico sy no para tales tienpos? Yo lo asare'. Estonçes arremetyo a el y[81] atravesole por los pechos. Y pensando de fuyr de las otras garças y lavancos començo a fuyr con su falcon, y yendo asy topo con otro nebli, su conpañero, que le venja a buscar, que ya sabia del negoçio como avia pasado de vn cuervo que gelo auja dicho, y fue tras la garça y matola, y desde ally quedo la ynjmjstad ya dicha; asy que a las garças las trahen del çielo y a los lavancos del agua. ¶ Estos neblies son aves que [no] ay onbre del mundo que sepa en tierra se crian, pero los que algo sabemos, todavia pensamos que naçen do quiera que ello sea, que sy no naçiesen no valdrien vna blanca, que nunca vistes quand pocos son los que stan por naçer.

---

[81] MS repeats *y*.

¶ *Capitulo de los açores*

¶ Los açores son vnas aues muy fermosas sy las ay en [fol. 5ᵛ] las[82] aues, avnque los de Castilla son muy malos y perversos, espeçial los de Galizia que son muy pedorros; aslos de guardar de las castañas y nabos que son ventosos, y avn de darles a comer muy pocos menbrillos porque son malos para esta dolençia. Estos son buenos piadores, que mejor os pian todas la[s] oras del dja que lo[s] gallos las cantan de noche. Y sy los sacares a caçar, en lugar de fazer su fecho, paran se a echar dardillos presumjendo mucho de braçeros. Avesles de dar la pluma τ en saliendo a caça para que caçes con ellos, porque quanto mas pluma toujeren tanto mas y mas ligero bolaran. Y de tenellos en vara y avn de malos caçadores se fazen arrameros. Dizen algunos que es bueno darles el papo y dexarlos en vn arbol de fuera en el canpo y yr de mañana por el, y yo digo que esto seria muy bueno sy no bolujesen por el. Otros dizen que guardarlos para la muda y con los perdigones tornarlos a fazer de nuevo; estos dizen la verdad, pero porque tu açor mude tenprano, antes que los perdigones sean grandes,[83] as les de buscar vna muda muy abrigada, que no entre en ella moxca nj gallego, y esta ha de ser vn forno; y buscad paja çentenaza y sarmjentos de çepas prietas en que se estriegue, y la paja sea vn grand braçado, y meterlo todo dentro en lo forno con el, y poner le ally dentro vianda para vn mes y cerrarle bien la puerta. Y sueltalo dentro y ençiende las pajas porque no este ascuras, y a cabo de vn mes sacalo y fallarlo as mudado, asy de plumaje como de condiçion, de manera que no lo conosçeras y nunca mas criara piojo nj arador nj menos saranpion. Tanbien ay algunos açores que no quieren tomar el agua, y estos tales no pueden hazer cosa buena; a estos, porque lo tomen bien, busca vn buen [fol. 6ᵛ] pielago y rremanso que este bien alto, y toma vn canto que pese fasta dies libras y atagelo al pescueço con vnos dos palmos de cordel de lino aluar, y ata en el canto vn poco de carne de gallo castellano, y guardate mucho que no le heches al pescueço la nomjna del dean de Cordova porque podria ser que lleuandola se viese en peligro, y dexa caer el canto en el pielago y el açor, por cobdiçia de la carne, yra tras el canto y asy tomara el agua. Otros açores ay que crian mucha agua enla cabeça, devesle fazer poner vn Evangeljo y criara vino.

---

[82] en las] en // en las
[83] grandes] granddes

¶ *Capitulo de los gavilanes*

¶ Los gavilanes son vnas aves mas fermosas que ningunas aves de rrapiña y mucho graçiosas, tanto que en otros rreynos las damas caçan con ellos. Y son muy denodados y, avn que pequeños, no hay cosa por grande que sea, que no la maten; y avn quanto mata a tanto saca el alma. Son aves muy frias de ynvierno y develos mandar frisar porque escalienten y darles cosas callentes, nj le puedes dar cosa mas callente que buenos papos de brasas; y en verano son las cosas mas calientes del mundo, aslos de traer tondidos y darles papos de verdolagas o de njeve ques mas fria, y asy ternas tu gavilan sano. Y asle de dar a rroer cada mañana en cosa que no tenga hueso porque no tyene djentes -¡mal pecado!- y sy fuere en vn rrazimo de agraz es muy buena cosa. Son muy malos de pasar en ynvierno, y por esto no syento con que mejor lo pases que en çeçina, que asy bien se guardara fasta la muda. Aslo de llamar a la mano cada noche a maytynes y no lo llames al pie[84] [fol. 6ᵛ] porque no tome algund rresabio, que bien lo sabe fazer. Y desque sea bien manero, metelo en la muda tenprano porque salga para el san Juan a los perdigones. Y sy quieres que mude tenprano y en vn punto, ten manera de aver agua de mayo, y fynche vna olla nueva de barro de Ocaña y ponla a ferujr con leña de laurel, y desque fyerua a borbollones tomalo de las pihuelas y lançalo dentro y sacalo y pasa la mano por el, y veras quand mudado queda tu gavilan. Y para que sepas los buenos destos que tales an de ser o de que talle o plumaje, τ preguntagelo a los labradores de canpos, y dezirte an que asados y barrados con ajos y azeyte.

Capitulo de los esmerejones

¶ Esmerejon es vna ave muy pequeña y es de plumaje de falcon. Es muy corto de petrina, tanto como de cuerpo. Destos pocos ay y menos avran dellos los caçadores; y cavsalo aver tan pocos porque presumen tanto de fazer de su persona que acaban presto. Ellos son grandes caracoleros y andan syenpre dos juntos por se ayudar, y ponen tanta fuerça y descargan sobre el caracolar, dando su[e]rtes al çielo y desçendjendo a los abismos que, commo los [fol. 7ʳ] caracoles tengan los cuernos ferozes, con el desatyno que trahen se lançan el vno por el vn cuerno y el otro por el otro. Asy acaban los mas, y los que quedan no tyenen ley con nadie y luego se van. El rremedio para que no se vayan, es que te vayas tu antes del

---

[84] y n. l. ll. a. p.] repeated at the beginning of the verso side.

11

quel de ty, y asy no podra alauarse que se afue.

¶ *Capitulo de los mjlanos*

¶ Los mjlanos quieren paresçer aves de rrapiña, asy lo son de cosas muertas porque dizen que no quiera Djos que saquen alma donde no la pusieron. Son aves de grand cuerpo y bien enplumadas, saluo que son mucho floxas. Son muy piadosas y tyenen el mal que sabes: 'de las alas quebradas y el papo sano'. Son asy mesmo aves de grand conçiençia, que nunca los veres poner las manos en cosa biua saluo en pollos, y esto dizen ellos que fazen de piedad que han de las madres que los crian, que presumen criar tantos que no los pueden cobrir con las alas y salenseles debaxo y andan muertos de frio, y veres los mjlanos luego desçendir adonde los oyen piar y acorrerlos vno a vno y asy, piando, se los meten en el[85] papo y por esto se dixo: 'tarde pia che'. Estos mjlanos son aves muy frias [fol. 7^r] y floxos, y sy abes de caçar con ellos conviene que te los metas tres dias antes a escallentar en el rrabo, y despues pruevalo al agua; y despues pelale porque con la mucha pluma que tenja el viento le estorva, que no puede bolar pico a viento. Y quando vjnjeres de caça el alcandara que le as de fazer es que le pongas boca ayuso colgado de vna figuera, y veras tus breuas como se guardan de los tordos.

Capitulo de los çernjcalos

¶ Çernicalo es vn ave qual Djos apiade. Su plumaje de color de buñuelos. No son aves de gastar tienpo en ellos. Con todo creo que matan bien langostas y mariposas. Son aves mas frias que las rrazones que van escritas en este libro. Los muchachos se pagan mucho de fazellos. Y sy me crehen, nunca los llamaran a la mano nj a señuelo, antes con buen arco de cuba quando estan çernjendo en el ayre verna mas ayna al señuelo y a fazer mandado. Su vianda es nuegados. No les deven dexar olujdar noche nj dia, antes dalles veynte o treynta plumas al rrato, y que sea la pluma dellos mjsmos pelandoles cada dja vn pedaço.

Capitulo de los alcaravanes

¶ Los alcaravanes segund se visten paresçenme [fol. 8^r] aues de la horden

---

[85] enel] enelos, *-os* deleted.

12

de Santo Domjngo; andan vestidos de prieto y bonetes negros y a los cuellos sus capillas blancas que les salen de las rropas debaxo. Y asy andan de dos en dos cagando dehesas y vjñas y panes, y nadie no les dize: '¡mal hazes!'. Y porque son rrelisiosos non quiero poner la lengua en ellos por no herrar. Estos caçan bien por monesterios o tal cosa[86] y sygund su diligençia no ay monge que se les vaya.

Capitulo de las agujlas

¶ Agujlas son las aves que mas alto buelan y son señoras de todas las aves, y no ay cosa, por grande que sea que, no osen acometer quando estan fanbrientas. Son de mayor vista que todas las otras aves; y como sean de grande presa, con la gran vista[87] penetran los çielos y mjran arriba y veen a los angeles pasear por el parayso, y commo los veen con alas piensa[n] que son aves, y quieren se sobir a se travar con ellos, y andan ocho o diez djas en el ayre pensando alcançar alla, hasta que se quiere[n] morir de hanbre, y desque estan ya cansadas dexan se caher. Y ¡guay del[88] ave tras que andan y sy[89] caso fuere que tu falcon le cayere en suerte dile[90] luego presto este rresponso: 'a te leuauj occlos meos[91]' y tu falcon luego sera libre.

[fol. 8ᵛ]   ¶ *Como se deven curar los falcones*

¶ Agora que te he dicho de todas las aves de rrap[i]ña y de los plumajes y[92] condiçiones dellas, quedame de dezir como no ay njnguna que sea mala syno por falta del caçador, por no aver conosçimjento commo ha de caçar con ella.

¶ Algunos quieren dezir quel açor echandole de la mano sy da vna arremetyda y luego se buelue ala mano ques arrumero y que echa[93] dardillos. No saben lo que se dizen, que sabe te que asy ay condiçiones de aves como de onbres,

---

[86] cosa] cosas, final -*s* deleted.

[87] vista] vistan

[88] del] dell

[89] y sy] y a sy, *a* deleted.

[90] suerte dile] s. ty d., *ty* deleted and not very clear.

[91] In the lower margin.

[92] plumajes y] p. d y, *d* deleted.

[93] que echa] q. ha e. *ha* deleted.

que vnos son para en casa y otros para en poblado y estos açores tales son para en poblado, y aves de caçar con ellos en esta manera: primeramente aves de beujr en lugar do aya mucha caça, y aves de madrugar de mañana y cavalgar en vuestros alcorques o galochas, sy las toujeredes, y no en bestia porquel açor no sespante, y tomad en vuestra mano ysqujerda el açor y en la derecha dos o tres rreales en lugar de podencos, y arremeteos a la tyenda donde venden las perdizes y enrridad los rreales y luego, en llegando a ellas, vere[i]s como se rrynden. Asy lleuares a vuestra casa con el açor y con los rreales dos o tres pares de perdizes, segund lleuardes los rreales y valieren las perdizes.

¶ Como sea de purgar el falcon

[fol. 9ʳ] ¶ Las purgas son muy peligrosas, τ por esta causa no deves purgar tu falcon muchas vezes, sy no purgalle vna vez para siempre. Y esta sea para quando te murieres, que lo lleues contigo al purgatorio τ alla purgares amos juntos. E assientalo en la muda, τ para que salga mas ayna dale a comer pecados venjales τ saldra para el dia del Juysio, y andaras a caçar con el mjentra nuestro Señor entiende en lo de las cuentas.

¶ La manera que jas de tener para que tu falcon no sea desconosçido: toma la caça que matares τ cometela toda τ no le des a el syno la pluma, y desta manera te conoscera por el mas rruyn del mundo.

¶ Para que tu falcon buele pico a ujento faz que syenpre tenga el pyco metido en vna vexiga llena de viento por capirote. τ sy qujsieres que buele rrabo al viento metele vnos fuelles dentro en el culo τ suenagelos a menudo, τ asy perdera el mjedo al viento.

¶ Las filomeras se jan de curar desta manera, pero asseme olujdado el como. Con todo olujdado o por olujdar, ponle vn poco de melezyna dos vezes donde te pagares, τ sy no sanare, estarsea por sanar.

¶ Para curar tu falcon sy toujere ferida de agujla o de otro golpe, ya jas oydo dezyr que nuestro Señor Dios puso sus virtudes en las yervas y en las piedras y en las palabras. Por ende, quando tu falcon estoujere ferido, tomaras muchas piedras τ muchas yervas y en las palabras, que a osadas no falten parleros de qujen las ayas τ por poco dynero, τ muelelo τ juntalo τ faz vn emplasto τ pongelo ençima de la llaga, τ luego sera sano. Pero mira que lo tengas en logar desabrygado, que no le de el viento porque no acaesca el rrefran que dizen: 'palabras τ plumas el viento se las lleua', las quales te llevaria τ dexaria tu falcon pelado τ syn vnguento.

14

MANUSCRIPT P₁

[fol. 1ʳ] Este libro de çetreria fizo Evangelista c[a]mino de Rodas sobre mar por no estar oçioso [y] no pensar en los peligros de la mar. Trat[a] de las aves de rapiña, de los talles y plumaj[es] y propriedades y de los guoviernos y curas [de] sus dolençias, de cada vna como adelante [oi]reis y, acabado, lo embio al prior de San Ju[an], don Alvaro d'Çuñiga, su señor. Dezia an[si]:

¶ Pues q*ue* a n*ues*tro Señor plugo darme sabiduria y sçiençia sobre todo hombre del mundo de l[os] q*ue* oy son naçidos, hierro seria en no dex[ar] alguna obra provechosa a los que oy son [y] adelante seran en memoria de my. Y acordoseme de quan agradable es a v*ues*tra señor[ia] toda caça, qualquiera q*ue* sea, mas q*ue* a se[ñor] que aya visto ny oydo, acorde de ocupar la [fan]tasia en componer esta poca y perfeta o[bra], la qual es la sustançia de toda la çetre[ria] q*ue* oy se podria pensar ni hablar en todo e[l] mundo, y siguiendo el estilo della, sera caus[a] [fol. 1ᵛ] de tirar a los caçadores de muchas y diversas y falsas opiniones y porfias, y daran en lo bivo y poderse han llamar perfectos y verdaderos maestros.

Capitulo primero habla de los falcones girifaltes

¶ Halcon girifalte se dize q*ue* jura falso y no es creido. Veres q*ue* haria si jurasse verdad. Tu, caçador, q*ue* los has de comprar, mira q*ue* sea de talle de lenterna y el plumaje de la color de su madre; y q*ue* tenga cabeça con su pico y q*ue* la tenga en cabo del pescueço, q*ue* si la tuviesse en medio pareçeria que tenia dos papos y cabeça no ninguna. Y sobre todo mira q*ue* sea bivo porq*ue* los muertos apruevan muy mal en n*ues*tra tierra, q*ue* salen floxos y pierde*n* el comer hasta que se secan de desmayo. Son aves bien acondiçionadas, mejor los contentareis con vn papo lleno de gallina q*ue* con otro [fol. 2ʳ] vazio de vaca. Y mira q*ue* no caçes con el ante[s] q*ue* nazca porq*ue* le quebrantarias y durart[e] ha poco, mas vale aver paçiençia veinte [o] treinta años hasta q*ue* echen el flojel, que m[a]tarlos antes con antes. Salen buenos guolon[dri]neros a su costa, q*ue* aunque ay golondrina [que] se pone en defensa y lija al falcon; como se[a] ave esforçada, busca de avella a las manos avnq*ue* se meta en el cuerpo de la vallena, [y] mascala, y si no la pudieres aver, ponsela e[n]çima de la llaga dos o tres años, y si con est[o] no sanare, querriame mas vn maravedi.

17

Capi*tulo* segundo habla de los halcones sacres

¶ Halcon sacre se dize por dos cosas: La pri[mera] porq*ue* el primero q*ue* caço con ellos fue vn sacristan; la otra porq*ue* son aves de gra[n] secreto, q*ue* nunca les direis cosa con enojo o c[on] plazer q*ue* lo falleis en boca de nadie. Tu q*ue* [lo] as de comprar, mira que sea muy apañado, d[e] [fol. 2ᵛ] talle de ysopo porq*ue* es muy anexo a los sacristanes. Y que sea de color qual mas te agradare. Y que tenga dos pies, y en cada pie quatro dedos, y en cada dedo vna vña, y si no lo supieres bien contar por el cue*n*to de la luna, lo sacaras el año q*ue* no vviere bisiesto. Este halcon tiene esta propriedad: q*ue* jamas, noche ni dia, lo viero*n* assentado, antes siempre dormiendo o velando esta en pie y, como sea ave pesada y carga sobre los pies, salen los mas gotosos y las pihuelas⁹⁴ le so*n* contrarias, a los tales haslos de tener con xaquima y aslos de guardar de toda verdura peliaguda assi como çidiervedas y caçuelas o cosa semejante. Sete dezir q*ue* matan muy denodadamente la gallina si estan en el siñuelo, y tanto se atreven a ellas q*ue* a las vegadas se hallan mal dello. Y si por desastre la gallina te lijare a tu halcon, tomala y pelala y guarda bien la pluma para el espital, que si mucho te dieres a la caça no sabes en q*ue* te has de ver, y embiame la gallina [fol. 3ʳ] y por su sabor sacare la reçepta para la cura q*ue* le as de hazer, y quando no la sacare, veremos si seras hombre para me lo demandar.

Capi*tulo* tercero habla de los halcones bornis

¶ Borni quiere dezir en guineo provechoso, e assi lo son, qual pascua nunca a vos entre. Estas son aves de la color de su pluma y tienen el pico a la cabeça, y de la cabeça fasta las rrodillas lleno de pluma. Y tien[en] muchas propriedades buenas: la primer[a] q*ue* mudan vna vez en el año y de quanta[s] vezes mudaren, de cada vna tiene su dueño vn año mas y el falcon otro. Y en la casa a do no ay mas de vno, impossible es hallar dos avnq*ue* la trastorneis toda. Estos bornis son de carne por gracia de Dios, q*ue* si fuesse[n] de pescado, en sacandolos del agua moririan y avelles de hazer alcandara debaxo del agu[a], [fol. 3ᵛ] ¿q*ue* sintiria*n* los q*ue* los tiene*n* en Segovia o en Avila en ivierno? Y tanbien en lugar de castañales, les avian de poner calabaças, de otra manera ahogarse ian, q*ue* no sabran nadar. Salen dellos muy buenos perdigueros, espeçial los q*ue* son de talle de guitarra teniendolos bien templados al destemple, q*ue* saliendo a caçar en dia aziago no

---

⁹⁴ piguelas] pighuelas, -*g*- deleted.

18

seria maravilla q*ue* con el y con vna red barredera q*ue* matasen de cada buelo vna
manada de p*er*dizes a braço retornado.

Cap*itulo* .iiij. habla de los falcones alfaneques

¶ Alfaneque quiere dezir en aravigo falcon afanador. Estos falcones vienen
de allende y son de talle, y plumaje, y condiçion, y tamaños ni mas ni menos q*ue*
Dios los hizo. Tienen dos cosas en q*ue* los conoçeras entre los otros falcones: la
primera que tienen el pico retornado de cara iuso; la segu*n*da [fol. 4ʳ] q*ue* tienen
el colodrillo en derecho de la cola. Son falcones de buena jazija e nu*n*ca tose[n]
ni escupen, q*ue* es cosa aboreçible al caçador halcon tosegoso. Pero tienen vn mal:
q*ue* comen carne en viernes e en cuaresma, a la morisca. Pero tiene*n* otro bien,
q*ue* si lo tienes bien templado tan bien bolara en lu[nes] como en martes, pero
aveislo de llevar c[a]lvalgando, q*ue* son malos peones, puestos d[e] pies ençima de
la mano, q*ue* si de espaldas los pusiesses, tiene*n* la pluma tan delgad[a] q*ue* toda
se roçaria. Y quando lo sacares a caç[a] mira bien sus alas ambas, q*ue* mejor
buel[a] con dos q*ue* con vna. Salen los mas buenos leb[re]ros, pero en huzia dellos
no dexes de llevar buen galgo y buena vallesta porq*ue* yo [tu]ve vno q*ue* nu*n*ca le
mate liebre con galgo [y] con vallesta que se le fuesse. Y porq*ue* arriba digo que
nunca tossen ni escup[en] puede ser que lo hazen en su lenguaje morisco y aca no
los entendemos.

[fol. 4ᵛ]   Cap*itulo* .v. habla de los halcones tagarotes

Si quieres saber por q*ue* se llaman tagarotes preguntadselo, que nu*n*ca me
lo han querido dezir. Estos son falcones ochavados como huevo o tal cosa. Quiere*n* pareçer a los baharis pero en la cabeça los conoçereis o en la cola. La cabeça
la tiene*n* toda prieta y la cola le sale del abispero. La causa porq*ue* tiene*n* la cabeça prieta es por el primero q*ue* caço con ellos, q*ue* fue vn escrivano y, como sean
falcones desaprovechados, tanto se dio a ellos q*ue* vino en tanta neçessidad q*ue* no
tenia para les comprar capirotes, i en lugar de capirotes siempre traia a su falcon
puesto el tintero de sus escrivanias de contino en la cabeça de manera q*ue*, si
alguno le demandava algun testimonio, no gelo osava quitar porq*ue* no se debaties-
se e ansi enpobreçio; y corriendosele contino los algodones en la cabeça del halcon
se le torno prieta, [fol. 5ʳ] desde entonçes salen cabizprietos. Tienen vna propriedad: q*ue* siempre duerme*n* con la cabeça debaxo del ala, y dezirte quiero porque:
tu sabras q*ue* son aves, quanto h[a]zen de dia velando tanto hazen de noche d[ur]-

19

miendo, entre sueños, y este escrivano siemp[re] tenia tres, que es vna muda entera, en la var[a y] jugava[n] alguna vez al abejon por passar tiempo y pensaron entre si que podria ser que jugarian ansi entre suenos, acordaron de poner las quixadas a recavdo porque no les alcançasse algun ramalazo; desta causa las ponen debaxo de las alas. Son aves malenconiosas[95] y por qualquier cosilla hinchan hasta reventar. Deves mucho mirar, quando los comprares, que tengan vn espirad-[e]ro debaxo de la cola porque si hinchare, tenga por do espire, que no reviente. Y au[n] te digo que son de poco provecho. Madrugando mucho a mediodia son bastantes a harta[r] vna casa de hambre y de lazeria todo el año, aunque aya veinte personas.

[fol. 5ᵛ] Capitulo .vj. habla de los halcones baharis

¶ Bahari es nombre vizcayno y quiere tanto dezir como falcon barril. Nunca vi cosa tan propria que assi se pareçe como el puerco a la vallesta. Estos falcones vienen de Vizcaya y segun aturan poco con el hombre, presumese que vienen a deprender la lengua como los muchachos y despues se van y apañan lo que pueden a su dueño, que assi me hizo vno a mi, que a cabo de vn mes me llevo vnas pihuelas nuevas y vnos cascaveles y vn capirote en la cabeça. Estos halcones son del plumaje de sus antecessores y son muy ligeros, dexan de correr y buelan que pareçe que no ponen los pies en el suelo; serian buenos para llevar cartas si bol-viessen con la respuesta, mas cada dia buscan amo nuevo y luego lo fallan, que no quieren sino que les hagan la costa, lo otro ellos lo barataran. Son falcones que nunca mean, son [fol. 6ʳ] dolientes de la ijada y crian piedra y por esto has de caçar con ellos a pedradas, que vna piedra saca otra. Y aveis de ir ençim[a] de buen cavallo, y a las vezes el cavallo ençima de vos, ende mas si le poneis la[s] espuelas por buen atochar quando tirar[e] tras palomas. Estos matan muchas ra-leas, pe[ro] çierto lo que mas matan son roçines de caça[do]res y a las vezes al caçador de hambre y d[e] sed. Andando dando bozes por los yermos: 'Ha ¿vistes aca mi abuelo?'.

---

[95] malenconiosas] malenconosas, the second -o- presents an illegible emendation.

Capitulo .vij. habla de los miliones

Milion quiere dezir vn cuento de cuento[s] en el guarismo, y segun es ave grande y desavida, tanto y mas ay en el, de q*ue* o de q*u*[ien] es este cuento pregu*n*taselo q*ue* yo no lo se, q[ue] son aves muy cortas de razones y cumpl[i]das de çancas y cola y pescueço, tanto q*ue* pues[to] en la mano, sin pico, os llegara çerca del ojo; [fol. 6ᵛ] por quitar inconvinientes siempre devedes de tenelle dado vn nudo en el pescueço e no alcançara. Son aves q*ue* al primero año son trabajosas de hazer, pero despues no querria ser naçido con ellos. Salen dellos muy apartados de buenos, en espeçial los q*ue* son de talle de alvarda. Su plumaje es de color alazan. Hazen la pluma muy tarde; ca√salo q*ue* son grandes de cuerpo y tiene*n* en el espinazo gra*n*des escondrijos, y por ende le avedes de dar grande pluma cada tarde, vn cabeçal y a las vezes vn penacho para remo*n*dar, y dagela co*n* fiador porq*ue* si tardare en hazella y quieres ir a caçar temprano, tiraras por el fiador y hazersele⁹⁶ has hazer a la ora que quisieres. Mata*n* muy bien carne muerta de quebrada. Su comer es atavio de la gineta, tahelis, albornozes y chanvariles y borzeguis y al borzeguilero, si no se pone a recavdo calçado y vestido, hazed cuenta q*ue* nunca lo vistes. Puede caçar con el en dos vezes, vn dia co*n* la vna mitad, [fol. 7ʳ] otro dia con la otra. Si preguntaren para q[*ue*] es tan desvariada ave, diles que para met[er] en culo a preguntadores. Y la cola de fuera porq*ue* si quisiere subir al çielo sin escaler[a], pueda subir sobre la cola. Sete dezir q*ue* te enxavelgara vn palacio en vna noche.

Cap*itulo* .viij°. de los falcones neblis

¶ Son llamados neblis porq*ue* son de color de niebla. Son aves muy preçiadas, caça[n] en altaneria entre el çielo y la tierra. [Son] aves muy livianas, espeçialme*n*te los q*ue* [son] de talle de bexigas, q*ue* es la cosa mas liv[ia]na q*ue* puede ser. Has de caçar con ellos en esta manera: mira q*ue* hagan la plum[a] temprano, puedes tener manera q*ue* no a[ma]nezca hasta q*ue* la haga, q*ue* no es mucho alar-[gar] la noche vna ora o dos. Para q*ue* sea m[as] ligero sacale el menudillo hasta que veng[a] de caça. Estos tiene*n* gran omezillo con lo[s] [fol. 7ᵛ] lavancos y con las garças. La cavsa porque es porq*ue* se solian çevar en palomas y vn dia se çevo vno en vna paloma y fue a tomar el agua en vna laguna q*ue* estava llena de lavancos y garças, y como los lavancos sean aves las mas luxuriosas del mundo, como

---

⁹⁶ hazersele] hadzersele, -*d*- deleted.

lo vieron bien mojado, no catando si era macho ni hembra, antes que se enxugasse arremetieron con el y dieronle vn empuxon de manera que le desvirgaron y le dieron vn botin que le dexaron por muerto. Las garças de que esto vieron, dixeron las vnas a las otras: '¿Quereis que nos le comamos?' Dixeron que si, 'Mas ¿como le comeremos?' Dixeron que assado y '¿Ques del asador?' Dixo vna, que deviera ser la mas traviessa: '¡Yo lo assare!, ¿para que me dio Dios este pico?' Aremetio con el y diole vna estocada y ensartolo al pescueço, y penso de burlar a las otras y bolo con el huiendo y topo con su compañero y vido el negoçio, y aremetio con [fol. 8ʳ] la garça y vengo al falcon, y desde all[i] les quedo la dicha enemiga que as oydo; assi, a las garças las traen del çielo y a los lavancos los sacan de baxo del agua. Estos neblis no ay hombre que sepa en que tierr[a] crian ni donde naçen, pero los que algo s[a]bemos, todavia pensamos que naçen a do quiera que ello sea, que si no naçiessen n[o] valdrian nada, e nunca vistes quan para poco son los que estan por naçer.

Capitulo .jx. habla de los azores

❡ Açores son vnas aves muy fermosas, si las ay en las aves, avnque en Castill[a] son muy malos, en espeçial los de Ga[licia] son muy pedorros y mas si no los guardas de las castañas y nabos que son ventosos. S[alen] dellos muy buenos piadores, mejor os piar[an] todas las horas del dia que los gallos las ca[ntan] [fol. 8ᵛ] de noche. E si los sacais a caça, en lugar de hazer su hecho, se paran a echar dardillos presumiendo de braçeros, que mas dardos echaran en vn dia que vos echareis en tres noches. Aveisles de dar la pluma en saliendo al campo porque caçen con ella, que quanto mas pluma tuvieren mas bolaran. Y de malos caçadores se fazen algunos arrumeros. Dizen muchos que es muy bueno dalles vn papo y dexallos en vn arbol en el campo e ir de mañana por el, bien seria si no bolviesse por el. Otros dizen guardallos para la muda, con los perdigones tornarlos a hazer de nuevo; dizen verdad y porque tu açor mude temprano, que venga antes de los perdigones sean grandes, hasles de buscar vna muda muy abrigada, que no entre en ella mosca ni gallego, esto ha de ser vn horno, y buscar paja çentenaza y sarmientos de çepas prietas en que se estriegue, y la paja vn gran braçado y metello todo en el horno y metelle vianda para vn mes, y çierrale bien la [fol. 9ʳ] puerta, y sueltalo dentro y ençiende las pajas porque no este a scuras, y a cabo de vn mes sacalo y fallallo as mudado, ans[i] de plumaje como de condiçiones, de manera q[ue] no lo conoçeras, limpio de piojo.

Cap*itulo* .x. habla de los halcones torçuelos[97]

¶ Estos son muy reboltosos y de contino s[e] hazen pedaços en la mano por el alcandar[a] quanto mas en las tardes. Son malos capir[o]teros. Al q*ue* fuere mal capirotero madrugale cada mañana, espeçial los sabados, y vete con el a la sinoga y pasealo entre aq[*ue*]llos capirotes de aquellos judios y ansi p*er*dera el miedo al capirote; y si todavia se t[e] debatiere con capirote quando fueres a caça, buelvele del enves, la pluma adentro y ans[i] no se q*ue*braran las plumas ni se roçara. Otr[os] ay q*ue* no quiere*n* tomar el agua, estos no pu[e]den hazer cosa buena, para q*ue* estos la tome[n] [fol. 9ᵛ] busca vn remanso q*ue* te de hasta la çinta y toma vn canto q*ue* pese de diez libras arriba y ataselo al pescueço con vno o dos palmos de cordel de lino alvar, y atale en el canto vna poca de carne de gallo castellano y dexa caer el canto en el pielago y el açor, por codicia de la carne, yra tras el canto y assi tomara el agua. Y porq*ue* algunos crian agua en la cabeça, develes hazer poner vn majuelo y criara vino. Con todo te quiero dezir q*ue* no ay açor malo sino por falta de caçador. Algunos piensan q*ue* porq*ue* el açor se buelve luego a la mano en saliendo, q*ue* lo faze de arromero y no saben de neçios q*ue* se dizen. Sabed q*ue* ansi ay condiçiones de aves como de hombres y vnos son para el campo, otros son para el poblado y estos açores tales son para poblado; aves de caçar con ellos en esta man*er*a: primerame*n*te aveis de bivir en lugar de mucha caça y madrugar de mañana a pie v*uest*ro passo a passo en v*uest*ros alcorques y no en bestia porq*ue* no se espante v*uest*ro açor, y tomalo en la mano izquierda, y en la derecha vn real en lu-[fol. 10ʳ]-gar de podencos, arremetete a la tienda advi[rtie]res q*ue* ay perdizes y aroja el real y derri[ba]ras vna o dos pares dellas cada mañana c[on] tu açor y vn real, y mas si mas reales llevare[s].

Cap*itulo* .xj. q*ue* fabla de los gavilanes

¶ Gavilanes son aves muy plazenteras, li[n]das mas q*ue* ave de rapiña q*ue* se, tanto q*ue* en otros reinos las damas caçan con ellos y, avnq*ue* pequeños, son tan denodados q*ue* no ay cosa, por grande q*ue* sea, q*ue* no la acometan, y quanto matan a tanto sacan el alma, ta[n]to q*ue* lo dexan por muerto. Son aves fria[s], en el yvierno develo mandar frisar porq*ue*[98] este caliente, y ponle vnos borzeguis de cordovan estofados y dale cosas calient[es] y no le podedes dar cosas mas

---

[97] torçuelos] torcuelos

[98] porq*ue*] per/q̃, *er* deleted and corrected to *or*.

calientes q*ue* buenos papos de brasa; y en verano son las calientes aves del mundo, haslos de traer tundidos y darles papos frios, [de]ves darselos de nieve q*ue* es harto fria y a[nsi] [fol. 10ᵛ] tendras a tu gavilan sano. Hasle dar cada mañana a pelar en vna verengena q*ue* no tenga huesso, q*ue* no tiene*n* dientes. Son muy malos de passar en ivierno, no ay cosa con q*ue* mejor los passes q*ue* en çeçina y bien se guardara fasta la muda. Llamalo de contino a la mano y no lo llames al pie, q*ue* no tome resabio q*ue* bien saben hazerlo. E desq*ue* sea bien manero, metelo en la muda tenprano porq*ue* salga por san Juan a los perdigones; si quieres q*ue* salga temprano mudado, ten man*e*ra de aver agua de mayo y hinche vna olla nueva de barro de Ocaña y ponla a hervir con grana de sauco y desq*ue* hierva a gargallones, tomalo de las pihuelas y lançalo dentro, y sacalo y passa la mano por çima del y veras quan mudado queda. Y porq*ue* sepas los buenos destos, de q*ue* talle han de ser y de que plumaje, pregu*n*talo a los labradores q*ue* los ha*n* pr*o*vado y dezirte han q*ue* pelados y assados y barrados de ajos y con azeite.

Cap*itulo* .xij. q*ue* habla de los esmerejones

[fol. 11ʳ] ¶ Esmerejon es vn ave muy pequeña, cavs[a] q*ue* son sietemesinos e las madres los destetan temprano y trabajan temprano. Los mejore[s] dellos son los machos y las hembras, de lo[s] otros deveis fazer poca cuenta. Ay muy pocos porq*ue* dizen: 'si el petit no es ardit no val res'. Presumen de hazer tanto de sus personas q*ue* acaban presto. Y siempre andan dos juntos, y no se q*ue* tema han toma[do] con los caracoles q*ue* presume*n* agotallos, ponen tanta vehementia en subir el vn[o] y deçendir el otro descargando sobre el caraco[l] dandolos su[e]rtes al çielo, descargando a los ab[is]mos q*ue*, como los caracoles tengan cuernos feroçes, como sabeis, al descargar con el desati[no] el vno se lança por el vn cuerno y el ot[ro] por el otro y asi acaban los mas; los qu[e] quedan no tienen ley co*n* nadie q*ue* luego [se] van. El remedio para q*ue* no se vaian es q*ue* t[e] vaias tu del antes q*ue* el de ti e ansi no podran dezir q*ue* se te fue.

Capitulo .xiij. habla de los milanos

[fol. 11ᵛ] Milanos quiere dezir q*ue* so*n* aves muy llanos avnq*ue* no muy abonados. Son e quieren ser en alguna manera aves de rapiña, pero de cosas muertas, q*ue* dizen q*ue* no quiera Dios q*ue* saque*n* alma do no la metiero*n*. So*n*

24

aves de gra*n* cuerpo, causalo q*ue* naçen vn[99] año antes q*ue* su madre, e tanbien
porq*ue* tiene*n* devdo con el padre. Son aves muy floxas e frias y tiene*n* el mal q*ue*
sabeis: 'las alas quebradas y el papo sano'. Son aves de gran consçiençia, nunca
los vereis poner las manos en cosa biva salvo en pollos, q*ue* esto hazen de piedad
q*ue* han de la gallina que los cria, q*ue* presume criar tantos q*ue* no los puede
cubrir con las alas y salensele debaxo y anda*n* muertos de frio, y vereis los milanos luego acudir adonde los oyen piar y recojenlos vno a vno, se los meten en el
papo a escalentarlos y pian dentro en el papo, q*ue* por esso se dixo: 'tarde piache'.
Como digo, son aves muy frias, si ovieres de caçar con ellos tenlos dos o tres
años al sol a escalentar, q*ue* basta, y pruevale el agua. Pelale la vna ala porq*ue*
con la mucha pluma [fol. 12ʳ] no pueden bolar pico a viento y assi medrar[a] con
el qual el duelo.

Cap*itulo* .xiiij°. habla de los çernicalos

¶ Çernicalo es vna ave qual Dios apiade. De plumaje de color de buñuelo
y çierne siempre en el aire para bunuelos. Son aves malas[100] de hazer siñoleras,
no sien[to] con q*ue* mejor los puedas hazer mandado q[*ue*] con vn arco de bodoques. Ponles cascavel de azero y en el siñuelo vn pedaço de pie[dra] yman, q*ue*
es cosa q*ue* mas tira el azero, asi lo fara venir a poner los pies en el sinu[elo]
echandolo. No matan cosa hasta q*ue* aya ve[in]te o treinta mudas si lo quisieres
creer, si n[o] dexalo, q*ue* assi hago yo, pero al fin no ay ca[ça] q*ue* no se le vaia
a perder de vista.

Capitulo .xv. habla de los alcotanes

¶ Alcotanes segu*n* su vestir me pareçen av[es] [fol. 12ᵛ] de orden y avn de
Santo Domingo; andan vestidos de prieto y bonetes prietos y al cuello sus capillas
blancas q*ue* le salen de la ropa de enbaxo, e siempre andan de dos en dos y caçan
dehesas y vinas y panes y nadie les dize nada. Porq*ue* son religiosos no me atrevo
a poner lengua en ellos por no herrar, pero segu*n* el talle de lo q*ue* se me puede
entender caçara*n* bien por monesterios o tal cosa, q*ue* no avra mo*n*ja q*ue* se le vaia
socorrida o no socorrida.

---

[99] The *v-* seems to be written over another illegible letter.
[100] malas] malos scribally corrected.

Cap*itulo* .xvj. habla de las aguilas

¶ Aguila es el ave q*ue* mas alto buela y es señora de todas las aves, y no ay cosa por grande q*ue* sea, q*ue* ose acometer quando estan hanbrientas, hasta las plumas dellas son hambrientas, q*ue* todas las plumas de las otras aves se comen adonde las pueden alcançar. Son las aves de mayor vista de todas las aves. Como [fol. 13ʳ] sean de grande enprensa, con la gran vista penetran a los çielos y mirando arriba ven los angeles passear por el paraiso, con sus alas, y piensan q*ue* son aves y qui[e]ren subir a çevarse en ellas, y andan och[o] o diez dias en el aire pensando alcançar alla hasta q*ue* se muere*n* de hambre y de cansadas dexanse venir. ¡Guai del ave tra[s] quien dan! y deste son tan denodadas q*ue* si l[e] caiere tu falcon en suerte, diras este psa[l]mo y responso: 'Ad te levavi oculos meos' [y] tu falcon sera libre.

Cap*itulo* .xvij. habla de los cuervos

¶ Aunq*ue* lo dexamos para la postre, el c[u]ervo fue la primera ave con q*ue* los hombres caçaron. Son aves tan negras com[o] sus alas y de dentro blancas, si no por las tulliduras lo veras. Llamase cuervo po[r] [fol. 13ᵛ] dos cosas q*ue* aqui te dire y oyras q*ue* es v*er*dad. La primera en la punta de la lengua la tengo; la segunda se me ha olvidado y por estas dos cosas se me ha olvidado. Son aves muy cortas de vista y desta causa no se çevan salvo en cosas y prisiones grandes, q*ue* las pequenas no las veen. Siempre se çevan en bueies o roçines o asnos o ahorcados, y desto son aves muy tragonas. Las mas de las mañanas remaneçen con papo, el remedio es dalle papa antenoche y remaneçera con papa, y para q*ue* no remanezca con papo ni con papa, sacale antenoche el papo. Tanbien estas son de las aves q*ue* de comer malas viandas crian piedra, mas q*ue* ningunas; dos remedios ay para se las sacar: lo vno caçar a pedradas, como d*i*cho es; y lo otro atestalle de polvora y echalle fuego y luego la lançara. Si quisieres q*ue* mate aves pequeñas como otros falcones ya te [fol. 14ʳ] dixe q*ue* son cortos de vista, haslos de bezar con antojos y veras milagros. Sobre todo no pienses hazer cosa buena si no lo tienes bien purgado segu*n* su comer, siemp[re] estan ahitos, haslos de purgar vna vez para siempre, y esto guardalo para quand[o] murieres, y llevalo co*n*tigo a purgatori[o] y saldreis vos y el purgado para el dia de[l] Juizio.

Cap*itul*o .xviij° fabla de los falcones asombrados

¶ Si tu falcon estuviere asombrado o esp[an]tado no ay mejor remedio q*ue*
ponerlo [al] sol y quitalle de la sombra, y le podras dezir asoleado y no asombrado. Otra cosa se dize espantado, espantado se dize qua*n*d[o] vn caçador de ruin
gesto tiene vn falcon, assi como hombre narigudo, o visojo, o desbarbado, o
bermejo, o crespo, o mezquino, [que] le da carne fiambre o otras malas vianda[s]
[fol. 14ᵛ] esta espantado ¡como Dios le hizo tanto mal q*ue* le traxo a manos de tan
ruin hombre!, y para quitalle este espanto, has de traher siempre vna caratula de
buen gesto colgada de la çinta y cada y quando le quitares el capirote tengas puesta
la caratula porq*ue* no vea tu ruin y hi de ruin gesto, y hazelle has ver alguna buena
obra de algunos saynetes y assi quitaras la sombra y espanto a tu falcon.

Cap*itul*o .xjx. q*ue* habla de la cura para todas las aves

¶ Si tu ave adoleçiere de qualquiera dolençia q*ue* sea, ya has oydo dezir q*ue*
n*ues*tro Se*ñ*or puso virtud en las iervas y en las piedras y en las palabras, tomalo
y atiestalo de iervas y piedras y palabras, q*ue* no [fol. 15ʳ] faltaran parleros q*ue*
te las digan, y tenlo en lugar abrigado, a do no de viento, porq*ue* 'palabras y
plumas el viento se las lleva', de manera q*ue* tu falcon[101] quedaria sin palabras
y sin pluma y no podria bolar avnq*ue* sanasse.

FIN

---

[101] Followed by an illegible erasure.

MANUSCRIPT P₂

[fol. 79ʳ] Libro de zetreria compuesto por el Ebangelista de Carmona, comendador de Calazporra, de la horden de Sant Mario, en que se trata de todas las maneras de aues de caza, con sus nombres y denominaçiones, origines y genealogias. Ponense tanbien sus propiedades esençiales y açidentales, sus naturalezas generales y particulares, sus tachas yntrinsicas y ystrinsicas, sus virtudes secretas y manifiestas, sus complexiones, calidades y ynclinaçiones propias y acquisitas, sus rreueses, vsos y costunbres. Danse ansi mesmo auisos y rremedios, cautelas y esperiençias para su buen tratamiento, cura, conseruaçion y rregimen sanitatis, en salud y sin ella, en casa y en caza, en vida y en muerte, y esto todo se trata Recoligiendo en suma la verdad lo mas sucinta y conpendiosamente que ser pudo sin disputar ni aueriguar opiniones barias y sin prouecho.

Capitulo .1. que habla de los alcones girifaltes

¶ Alcon girifalte se dize por alcon que jura falso y no es creydo. Ved que haria si jurase verdad. Tu, cazador, que lo as de comprar, mira que sea de talle de linterna. Y sobre todo mira que sea vivo porque los muertos aprueban muy mal [fol. 79ᵛ] en esta tierra, porque son abes que salen floxas y pierden el comer hasta que se secan de desmayo. Y son aues bien acondiçionadas, que mejor las contentaras con vn papo lleno de gallina que con otro baçio o lleno de viento. Y mira que no cazes con el antes que nazca porque le quebrantaras y durara poco, que mas vale tener paçiençia y esperar veynte o treinta años que matallos antes con antes. Son buenos golondrineros a tu costa, que ay golondrina que se pone en defensa y lisia al falcon; como sea tan esforzada esta tal, buscala avnque se meta en el cuerpo de vna ballena, y sacale el corazon y ponselo al alcon ençima de la llaga dos o tres años, y si esto no aprouechare, querria mas un marauedi.

¶ Capitulo .2. que habla de los falcones sacres

¶ Falcon sacre se dize por dos cosas: la vna porque er primero que con ellos cazo fue vn sacristan; la otra porque son aues de gran secreto, que nunca les direis cosa con plazer o con enoxo que la halleis en boca de ninguno. Tu que lo compras, mira que sea bien apañado, de talle de ysopo porque son muy anexos a los sacristanes. Y sea de color qual mas te agradare. Tenga dos pies, y en cada pie quatro dedos, y en cada dedo vna vña. Este falcon tiene vna propiedad: que jamas, noche ni dia, le vieron sentado, sino durmiendo o velando siempre esta en pie y, como sea aue pesada y carga[102] sobre los pies, salen los mas gotosos y las pihuelas les son [fol. 80ʳ] dañosas y contrarias, aslos de tener con xaquima y aslos de guardar de toda verdura peliaguda asi como de ziguierbedas, cazuelas y cosas semejantes. Sete dezir que mata muy debotamente galljnas prietas en el siñuelo, y tanto se atreben a ellas que a las vezes les ba mal dello. Si por desastre la galljna te lisiare tu falcon, tomala y pelala y guarda la pluma para el ospital, que si mucho te dieres a la caza no saues en que te as de ver, y ymbiame la galljna, que por su sauor sacare la rreçepta para la cura que as de hazer al falcon, y quando no la sacere, veremos que me as de hazer.

Capitulo .3. que trata de los alcones bornis

¶ Borni quiere dezir ynsigne o prouechoso, y ansi lo son estos alcones, qual pasqua os venga. Son aues de la color de su pluma, y tienen desde el pico hasta la cola, y desde la cola fasta las rrodillas lleno de pluma. Tiene muchas propiedades buenas: la primera que muda vna vez en el año y de quantas vezes mudare, de cada vna tiene su dueño vn año mas y el halcon otro. Y en la casa do no hay mas de vno, ymposible sera hallar dos avnque la trastornen toda. Estos bornis son de carne, por gracia de Dios, que si fuesen de pescado, sacandolos fuera de el agua moririan y aurades de hazer el alcandara debaxo de el agua, lo qual seria graue cosa [...]

---

[102] carga] cargada, *-da* deleted.

MANUSCRIPT V

[fol. 148ʳ] Libro de çetreria que hiço Ebangelista. Trata de las abes de rrapiña, de los talles y plumajes y propiedades de cada vna dellas, y de los gouiernos y curas para sanalles las dolençias.

Capitulo primero que habla de los girifaltes[103]

Halcon girifalte se diçe por alcon que jura falso y asi lo son. Causalo que se engendran dentro del guebo y naçen en el nido, y ansi se crian asta que buelan. Tu, caçador, que los as de comprar, mira[104] que sean de talle de lanterna y que tengan el[105] plumaje de su color, de la madre; y que tenga cabeça con su pico y la lengua al cabo del pescueço, porque si la tiene en medio pareçeria que tiene dos papos y cabeça ninguna. [fol. 148ᵛ] Y sobre todo mira que sea abiuado porque todos los muertos aprueuan mal en nuestra Castilla, y salen floxos y desmayan y pierden[106] el comer asta que se secan, y por eso son abes de muy buenas condiçiones, que mejor los contentaras con un papo de galina que con quatro honças de baca.[107] Salen algunos dellos muy buenos golondrinos, y como la golondrina no[108] sea de muy grandes fuerças si se pusiere en[109] defensa y hiriere[110] al tu falcon en lugar peligroso, toma[111] la dicha golondrina y pelala y machacala y ponsela en la llaga y si no sanare, no se te de nada.

---

[103] girifaltes] girifaltes guirifaltes, the last word is deleted.
[104] mira] miran
[105] tengan el] en el, *en* deleted.
[106] pierden] pierdan
[107] baca] boca, corrected to *baca*.
[108] Written between the lines.
[109] Written between the lines and preceded by an illegible erasure.
[110] hiriere] hiçiere, scribally corrected.
[111] -*ma* written between the lines.

Capitulo segundo q*ue* habla de los sacres

Falcon sacre fue llamado ansi porque el primero que caço con ellos fue un sacristan. Si ubieredes de[112] comprar alguno, mirad que sea muy apañado, de hechura de[113] ysopo. Que tenga el prumaje qual mas te agrada. Y que tenga dos pies, y en cada pie quatro dedos, y en cada[114] [fol. 149ʳ] dedo vna vña, y si no lo supieres bien contar por el quento de la luna, lo sacaras en el año que no tubiere vissesto. Y este falcon tiene esta propiedad: que siempre esta em pie durmiendo y vellando, y como sea abe pesada y carge todo sobre los pies, salen los mas gotosos. Aslos de guardar de las çiberbedas, espeçialmente de galinas prietas, y tanto se atrebe[n] a ellas[115] que a las beçes se alla mal dello. Y si por[116] caso la gallina te hiriere tu alcon, pelala y guarda bien la pluma para el espotal, porque si mucho[117] te dieres[118] a la caza no sabes[119] en que pararas, y enviame la gallina a mi posada, que por el gusto della sacare la rreçeta para tu falcon.

Capitulo terçero q*ue* habla de los bornies

Borni es[120] nombre griego[121] que quiere deçir probechoso, y ansi lo son. Y pareçen u*n* poco en el plumaje a los sacres, pero alguna diferençia ay porque el[122] borni desde el pico asta las rodillas esta lleno de [fol. 149ᵛ] pluma y el pelo tira a buriel y es mudado a par dellos. Tiene artas propiedades buenas: Lo primero que muda vna bez en el año y de quantas mudas mudare, tiene su dueño vn año mas y el falcon otro. Y en la casa donde no ay mas de vno es ymposible allar dos aunque se trastorne toda de arriua avaxo. Y estos alcones son de carne porque si

---

[112] de] des
[113] Written between the lines.
[114] Catchword: *dedo*.
[115] The *e-* presents a correction.
[116] por caso] p. esso c., *esso* deleted.
[117] mucho] mucha
[118] Follows an illegible erasure.
[119] *sa-* written between the lines.
[120] Written between the lines.
[121] griego] esgrinero, corrected by another scribe.
[122] el] al

fuera*n* de pescado, en sacandolos del agua luego se murieran[123] y por esto hauia-
seles de haçer el alcandora devajo del agua, y en lugar de cascabeles auiansele de
poner calauaças, que de otra[124] manera aogarse yan porque no saben nadar. Salen algunos dellos muy buenos perdigueros, en espeçial vnos que son de talle de
guitarra teniendolos muy bien templados, y saliendo con ellos a caça vn dia que
no sea açiago no sera marauilla que con el y con una rred tiraderra maten de cada
buelo vna banda de perdiçes, si ellas quisieren entrar en la rred.

[fol. 150ʳ]   Capitulo quarto q*ue* habla de los alfaneques

    Alfaneque quiere deçir en arauigo afanador. Estos falcones vienen de allen-
de y son de talle y pluma y condiçion y tamaño ni mas ni menos q*ue* Dios los
hiço. Tienen dos cosas en que los conoçeras entre los otros: la primera que tiene
el[125] pico rretornado; la otra que tiene el colodrillo en derecho de la cola. Son
alcones de muy buena haçija, y aun tienen otra cosa muy buena: ni tosen ni escupen, y esto preçian mucho los alconeros, porq*ue* no ay cosa mas aboreçible a ellos
que el alcon tosedor.[126] Pero tienen vn mal, que comen carne en viernes y en
quaresma, que todo lo haçen ygual a la morisca. Tienen otras cosas muy buenas,
que si lo tienen bien tenplado tan bien bolara en martes como en lunes, mas a los
de lleuar cabalgando porque son malos peones. Tienen las plumas [fol. 150ᵛ] tan
delgadas que todas se rroçan. Quando salieres a caça con el, mira que llebe ambas
sus alas, porque mas buelan con dos que con vna. Salen destos muy buenos lebreros, pero quieren q*ue* llebes muy buen galgo o ballesta, y ansi tube yo vno, que
nu*n*ca[127] mate yo liebre, con el galgo y la vallesta, que se le fuese a el.[128]

          Capitulo v. q*ue* habla de los tagarotes

    ¿Quieres saber por que se llaman tagarotes? Preguntaselo, que a mi no me
lo an querido deçir. Estos son vnos alcones ochabados como guebos. E quieren

---

[123] murieran] muririran, the second -*ri*- corrected to *e*.
[124] otra] otro
[125] tiene el] tiene en el.
[126] tosedor] tocedor, the -*c*- scribally corrected to -*s*-.
[127] Written between the lines and added by a later hand.
[128] *a el* added by a later hand.

pareçer a los vaharies pero en la cabeça o cola los conoçeras porque la cabeça toda es[129] de prieto[130] y la cola le sale del[131] ouispillo. Y la causa por que tienen la cabeça prieta es porque el primero que caço con ellos hera un escriuano, y como sean falcones muy aprobechados, tanto[132] [fol. 151ʳ] se dio a ello que vino en grande neçesidad y no tenia para comprarles capirotes de manera que los traya con el tintero puesto en la cabeça, y si alguno le demandaua algun testimonio no se lo osaba quitar porque el falcon no se abatiese, y desto enprobeçio, y con la tinta quedo el alcon prieta la cabeça y dende entonçes salieron todos cabeçiprietos. Tienen una propriedad: que siempre duermen la cabeça debajo del ala, y quierote deçir que quanto hacen de dia belando tanto haçen de noche durmiendo. Este escriuano tubo tres falcones, que es una muda entera, y como estaban en la vara por pasatiempo jugaban al abejon y pensaban entre si que tambien jugarian de noche, entre sueños, y por eso determinaron de poner la cabeça devajo del ala. Son falcones malenconiosos, por qualquiera cosa se hinchan, por eso, quando alguno comprares, mira que tenga [fol. 151ᵛ] dos espiradores devajo de la cola porque si se yncharen no rrebienten. E aunque por la mayor parte son de poco prouecho, pero mandilandolos mucho y saliendo a caça con dos o tres juntos, no sera mucho que maten una cassa de hambre, aunque aya en ella veinte personas.

Capitulo vi. de los vaharies

Baharies es nombre bizcayno y quiere deçir variel. Y nunca vino nombre tan propio porque ansi pareçen variel como el puerco vallesta. Y estos falcones vienen de Bizcaya y segun duran poco con sus amos, presumese que vienen aprender la lengua castellana como los mochachos y luego se ban apañando lo que pueden a sus amos, que ansi hiço a mi otro, que a cabo de un mes me llebo vnas piguelas[133] nuebas y unos cascabeles y un capirote en la cabeça porque hacia frio. Estos tales falcones son de plumaje de sus antesezores;[134] son[135] m[uy]

---

129 Outside writting area.

130 The -*r*- added between the lines.

131 The -*l* added between the lines.

132 aprobechados tanto] a. y t., *y* is deleted. Catchword: *se dio.*

133 piguelas] pigüeglas

134 Possibly the -*z*- had been corrected to an -*s*-, but it is unclear.

135 son] sont

38

ligeros, [fol. 152^r] que[136] dexan de correr y buelan y pareçe que no ponen los pies en el suelo, tanto que serian buenos para llebar cartas si bolbieçen con la rrespuesta, mas cada dia buscan amo nuebo porque no quieren que les hagan mas que la costa, que lo otro ellos se lo buscan. Estos falcones nunca mean, y por esto son emfermos de la hijada y crian piedra, y ansi an de caçar con ellos a pedradas, porque vna piedra saque otra. Y abeys de ir ençima de vn buen caballo, y a beçez el ençima de vos, quanto mas si le ponen las espuelas por buen atolladero. Estos matan asaz rralea,[137] pero mas matan caballos de caçadores y aun al caçador. Que hartas beçes habre andado por los montes dando boçes diçiendo: '¿Bistes por alla mi halcon?'.[138]

Capitulo vij que habla de los meliones

Meliones quiere deçir mill hombres, y tamaño es el como todos ellos. Estas son habes muy cortas [fol. 152^v] de rraçones y muy largas de ancas y cuello y cola, tanto que[139] puesto en la mano pueden llegar çerca del ojo, pero por quitar yncombinientes les deben de dar un nudo al pescueço. Son habes muy trabajosas de haçer, pero despues de hechas no queriades[140] ser naçidos. Sallen dellos muy buenos, espeçial vnos que son de talle de albarda y su plumaje de color de no se que. Quieres saber que matan muy buenos mosquitos y carne muerta. Es su comer de contino el atauio de la jineta, caparaçones, albornoçes y borçeguis, y aun al borciguinero con sus hormas se lo lleban por pluma si no se pone a rrecaudo. Y si te preguntaren para que es, di que para meter en el salbonor a los preguntadores.[141] Diçen[142] que[143] jalbegaran[144] en una noche toda una casa.

---

[136] ligeros que] ligeros // ligeros que

[137] ralea] rre/ales, -e/ales deleted and corrected to -alea by a later hand.

[138] halcon] habuelo (?), deleted, *halcon* added by a later hand.

[139] Erasure.

[140] The -s added between lines.

[141] Erasure.

[142] Aparentally the -n was added at a later date.

[143] Erasure.

[144] The -n in a later hand.

Capitulo viijº de los nobles

Falcones nobles son ansi llamados porque son[145] [fol. 153ʳ] de color de[146] niebla. Son habes muy preçiadas de principes y grandes señores. Estos caçan en altaneria entre el çielo y la tierra, espeçial los que son de talle de bexiga llena de viento, que ansi es la vexiga de las cosas mas liuianas que ay en el mundo. Y tienen[147] los ojos devaxo de las çejas y el casco par de las nariçes. Son muy denodados. Y as de caçar con ellos en esta manera: antes que le heches de la mano, sacale el menudillo todo del cuerpo por que este muy ligero. Y ali en do otras muchas rraleas[148] que matan, tienen gran*d*e omeçillo con los labancos y garças, y la causa por que, es[149] esta: tu sabras, que estos falcones se solia*n*[150] çebar en paloma y[151] un dia andando a buscar de comer, fue a tomar el agua a una laguna que estaba llena de labancos y garças, y como los labancos son las[152] habes del mundo mas luxuriosas, ansi como lo vieron muy bien mojado antes [fol. 153ᵛ] que se enjugase[153] çeraron con el y desbirgaronle[154] y dexaronle por muerto. Las garças que vieron esto dixeron:[155] 'Pues ¿como lo comeremos?'. Dixeron las otras: 'Asado'. Dixeron: 'Pues ¿que es del asador?'. Dixo la mas atreuida dellas: '¿En que estays? ¿Para que me dio Dios a mi este pico sino para que me aprobechase del?'. Y pasolo de parte a parte con el pico, y por burlar a las otras empeço a uyr con el, y topose con un compañero del muerto, que ya sauia el negoçio como havia pasado de un cueruo que se lo hauia dicho, el cual se fue a la garça y le dio tantos golpes asta que la mato y de alli quedo el enemistad ya dicha; y ansi, por esta causa, los neblies a las garças traen del çielo y a los labancos sacan del agua. Son abes que no ay hombre en el mundo que[156] sepa

---

[145] Catchword: *de.*

[146] Added between lines.

[147] Y tienen] y no la tienen, *no la* deleted.

[148] rraleas] rreales, the first -*e*- is deleted, the second -*a*- added between lines.

[149] Added between lines.

[150] solian] colian, the *c*- presents an overwritten long *s*- added by another scribe.

[151] y] en, scribally corrected *y.*

[152] Added between lines.

[153] enjugase] enjugare, the -*r*- corrected by another scribe into a long -*s*-.

[154] The second -*r*- added between lines.

[155] Follows an illegible erasure.

[156] mundo que] m. sep q. *sep* deleted.

donde[157] ellos crian, mas[158] los que algo saben, siempre presumen que sera entre el çielo y la tierra, porque si no naçiesen[159] [fol. 154ʳ] no baldrian vn marabedi, que nunca bistes los que estan por nacer quantos son.

Capitulo viiij. de los açores

Açores son vnas abes muy hermosas si las ay en las abes, aunque en Castilla son muy malos y peruersos, en espeçial los de Galiçia que son muy peligrosos.[160] Aslos de guardar bien[161] de nabos y castañas que son viandas bentosas. Son buenos piadores, que mejor pian todas las horas del dia que los gallos cantan las de la noche. Si los sacays a caçar, en lugar de haçer su hecho, paranse a tirar dardillos presumiendo de braçeros. Abeysles de dar la pluma en saliendo al campo porque caçen con ella, porque mientras mas pluma tubieren mas bolaran. Y de tenellos artos y de malos caçadores se açen araganes, tanto que diçen algunos que es muy bueno [fol. 154ᵛ] dalles el papo y aun dexallos toda la noche en el campo y a la mañana yr por ellos; y a mi ber mejor seria nunca bolber. Otros diçen que es mejor juntallos para la muda, y con los perdigones tornallos haçer de nuebo, mas porque tu açor mude temprano, antes que los perdigones sean grandes, debesle buscar vna muda muy abrigada donde no entre mosca ni gallego, y este a de ser vn horno, y busca paja de çenteno y sarmientos de çepas prietas en que se entregue, y metelo dentro del horno y ponle vianda para un mes, y çierra la puerta del horno y sueltalo dentro y por que no este a escuras ençiende la paja, y a cabo de un mes sacale y hallarle as tan mudado,[162] ansi de pelo como de condiçiones, que casi no le conosçieras, y nunca jamas criara piojo ni aradores. Tambien ay algunos açores que no quieren tomar el agua, y estos tales no pueden haçer cosa buena, pero para que[163] [fol. 155ʳ] la tomen, bus[c]a vn rremanso que te de hasta las cinchas y un canto que pese asta diez libras y ataselo al pescueço con dos palmos de cordel de lino, y ata vn poco de carne al canto y el falcon, por cubdiçia

---

[157] *-nde* deleted.

[158] There is an interlinear erasure.

[159] Catchword: *no*.

[160] peligrosos] pederos, obliterated and the emendation was added between lines by another scribe.

[161] Interlinear additon by a later scribe.

[162] mudado] demudado, *de-* deleted.

[163] Catchword: *la*.

de la carne, yra tras el canto y ansi tomara el agua, pero guarda que no lo ates al
pescueço la nomina del dean de Cordoua porque si lo haçes podria ser que te
bieses[164] en algun peligro. Y algunos açores ay que crian agua en la cabeça, pero
ponles tu vn majuelo y criaran[165] vino.

Capitulo x. que habla de los gabilanes

Los gauilanes son unas habes mas hermosas que ninguna abe de rrapiña y
muy ligeros, tanto que en otros rreynos las damas caçan con ellos. Son muy denodados y, aunque son pequeños, no ay cosa, por grande que sea, que no acome-
ta[n], y a [fol. 155ᵛ] quantos matan a tantos quitan la bida. Son abes muy frias de
ymbierno, pero a tu gauila*n* debesle frisar porque este caliente y dalle a comer
cosas calientes, y estas no pueden ser mejores que guebos papos de brasa; y en
berano so*n* los mas calerosos del mundo, y por esto los as de traer tundidos y
ansele de dar papos frios, ansi como de nieue, que es muy fria cosa, y con esto
ternas tu falcon muy bien sano. Y asle de dar a rroer cada mañana cosas que no
tengan gueso por*que*, ¡mal pecado!, no tienen dientes, pero un rraçimo de vbas es
muy buena cosa. Son muy malos de pasar en ynbierno, no siento como los pases
mejor que en çeniça porque ansi bien se guardaran asta la muda. Aslos de llamar
a la mano cada noche a maytines, y no los llames al pie porque no tomen algun
rresabio, que bien lo saben haçer. Y desque sea bien mareñero, [fol. 156ʳ] metelo[166] en muda tremprano, y ten manera de tener agua de mayo y ynche vna olla
nueba, y mira que sea de varro de Ocaña, y ponla[167] a herbir en leña de[168]
taray y desque yerua a borbollones,[169] tomalo por las piguelas y metelo dentro,
y despues sacalo y pasa la mano por el y veras quan mudado queda tu gabilan. Y
para que sepas los buenos de otros como an de ser y de que talle y plumaje, pre-
guntalo a los labradores y deçirte an que asados y varrados con ajos y azeyte.

Olbidoseme de deçir, quando dixe de los açores, como ay algunos torçuelos
que salen buenos salbo q*ue* salen algo rreboltosos, y se haçen pedaços con las
manos por estar en alcandora, y son malos capiroteros. Estos tales, porque se

---

164 Last -*s* added between lines.
165 criaran] criaian
166 metelo] me//metelo. Catchword: *telo en.*
167 ponla] ponenla, -*nen*- deleted, -*n*- marginally added.
168 Written between lines.
169 The first -*l*- added by a later scribe.

quiebran las plumas, buelbelos del rrebes y traerlos as bie*n* guardados.

Capitulo xi de los esmerejones

[fol. 156ᵛ] Esmerejones son unas abes muy pequeñas, de plumaje de alcones. Muy cortos de pretina tanto como de cuerpo. Destos ay pocos y menos se curan los caçadores dellos, causalo que ay pocos porque presumen de haçer tanto de sus personas que dura*n* muy poco en esta manera, que ellos son grandes caracoleros y andan siempre dos juntos, y ponen tanto la fuerça en descargar[170] sobre el caracol haçiendo suertes al çielo y vaxando a los abismos que, como los caracoles tenga*n* los cuernos muy feroçes, como sabes, al descargar con el desatino que traen, lança*n*se a las beçes el vno por el vn cuerno, el otro por el otro, y ansi acaban los mas, y los [que] quedan no tienen[171] ley con su dueño, que luego saben. El rremedio para que no se te bayan, es q*ue* te vayas tu tras el antes que el de ti y ansi no te quexaras que se te fue.

[fol. 157ʳ]   Capitulo xij de los milanos

Milanos quieren pareçer habes de rrapiña, y ansi lo son de cosas muertas porque diçen q*ue* nunca Dios quiera que ellos saquen alma donde no la pusieron. Son habes de grandes cuerpos y bien plumadas, salbo que son floxos. Y son muy piadosos y tienen el mal que sabes. Son a beçes de gran conçiençia, nunca les beras poner las manos en cosa viba salbo en el pollo, y esto haçen porque an piedad de las madres que los crian, y presumen[172] de criar tantos juntos que no los puede[n] cubrir bien con las alas y salense devajo y andan muertos de frio, por esto bereis los milanos deçender a donde los oyen piar y rrecogenlos vno a vno, y ansi, piando, se los meten [en] el papo a calentar y pian aun dentro del papo, y por eso se dixo: 'Tarde piache'. Estos milanos[173] son habes muy frias, y si as de caçar con ellos co*n*-[fol. 157ᵛ]-viene que los metas tres dias antes a calentar en el seno, y despruebale al agua;[174] y pelale todo porque con la mucha pluma no

---

[170] descargar] descargan
[171] Follows an illegible erasure.
[172] presumen] presuman, -*a*- deleted and above it an -*e*- had been inserted.
[173] -*lanos* added by a later scribe.
[174] al agua] algun, there is an *a* above -*g*-; final -*n* corrected into an -*a*.

43

haga biento y se rresfrie. Y quando binieres de cazar con el, alcandora que le as de haçer es que[175] le cuelgues cabeça abaxo en una higuera, y guardara los hijos de los tordos.

Capitulo xiij de los çernicalos

Çernicalos se llaman porque vnos frayles tenian teniendo gran prisa en la paneteria, andando buscando ayuda toparon con un abe destas y rrogaronle que les ayudase, y dieronle cargo que çirniese, e desque ubieron çernido cago al frayle, y el frayle tomando piedras para matalle fuese huyendo al campanario y a esta causa siempre beras que ellos hauitan en lo mas alto que ellos hallan. Es vn abe qual[176] Dios apiade. Color[177] de buñuelo.[178] [fol. 158ʳ] No son abes para gastar tiempo con ellas. Con todo[179] creo que matan mariposas y langostas. Son habes mas frias que este libro. Si tu me crees, no las llames a la mano ni a señuelo sino con vn arco quando estan çerniendo el ayre y bernan mas ayna al suelo. Su bianda es nuegados[180] como muchachos.

Capitulo xiiij. que habla de los alcotanes

Los alcotones, segun se bisten, me pareçen de la horden de Santo Domingo; andan bestidos de prietos con sus botones prietos y al cuello sus capillas blancas que les sale devaxo de las ropas. Siempre andan de dos en dos, como frayles, caçan las deesas y las viñas y los panes, que nadie les diçen: '¡mal haçen!'. Siguenlas otras mill frayleçillos porque piensan que son rreligiosos. Y pues son frayles y es bueno el çelo que lleban, no quiero deçir mal dellos.

---

[175] es que] es la que, *la* deleted.
[176] qual] que, scribally corrected into *qual*.
[177] The *-r* added between lines.
[178] Catchword: *no*.
[179] todo] ce.o, deleted.
[180] nuegados como] n. ino c., *ino* deleted.

[fol. 158ᵛ]   Capitulo xv. q*ue* habla de las aguilas

Las aguilas son las aues q*ue* mas alto buelan y son señoras de todas las abes, y no ay cosa, por grande que sea, q*ue*, quando estan hambrientas, no acometan, fasta tanto q*ue* sacan los ojos a su amo. Son aues de gran bista, tanto que penetra*n* los çielos y beyen, mirando arriba, muy bien los angeles pasearse por el parayso con sus alas, y pensando que son aues, quieren subir a cebarse, y andan ocho dias por el ayre pensando llegar alla fasta que se quieren morir de hambre, y de cansadas dexanse caer avaxo. Y ¡guay del aue tras que andan!, por eso, si alguna bez se ofreçiere que le cayga tu falcon en suerte, diras el rresponso de: 'A te lebabit oculos meus' y ansi sera tu falcon libre.

Agora que te e dicho[181] de las aves de rrapiña y condiçiones, quedame de deçir como[182] [fol. 159ʳ] no ay ninguna dellas mala sino por falta del caçador, por no aber conoçimiento como an de caçar con ellos. Por ende nota bien algunos avisos.

Auisos para caçar

Quiero deçir que quando el falcon hechandolo de la mano diere alguna arremetida que son arones. Los alcones que esto haçen y que hecharen dardillos y en la berdad no saben lo que se diçen, que sauiendo que ay condiçiones de habes como de ho*m*bres, y q*ue* vnos son[183] para campos y otros para poblado. Los açores que tubieren esta tacha seran para poblado y as de caçar con ellos ansi: primeramente as de biuir en lugar de mucha caça, y de madrugada cabalgaras en unos alcorques y no en bestias porque el alcon no se espante, y tomaras[184] en la mano yzquierda tu alcon y en la derecha algunos rreales en [fol. 159ᵛ] lugar de podencos, y arremeter a la tienda donde benden las perdiçes y ende da los rreales, y andando en pocos dellos beras como se enrreda*n*. Y no buelbas desta manera sin perdiçes con halçon.

---

181 dicho] bicho
182 Catchword: *no*.
183 vnos son] v. com s., *com* deleted.
184 -*as* written between lines.

De las purgas

Las purgas son muy peligrosas, y por estas cosas no debes purgar tu alcon muchas vezes, pero purgale vna bez para siempre y esta sera quando te murieres, que lo llebes contigo al purgatorio y alli le puedes dar a comer peccados beniales y no mortales, que luego se te moriria, y saldra para el dia del Juyçio y entonçes podras caçar con el mientras n*ues*tro Señor entiende en juzgar las animas. Para que tu alcon no sea desconoçido, toma la caza que caçares con el y cometela sin dalle a el cosa saluo la pluma, y ansi te conoçera muy bien por el mas rruin del mundo.

[fol. 160ʳ] Para que tu falcon buela el pico al viento, haz que vuelua el pico con vna votiga de bie*n*to.

Si tu alcon estuuiere ferido o emfermo, ya saues como n*ues*tro Señor Dios vso virtudes en las yeruas, piedras y palabras. Por ende, quando estuuiere malo, tomaras muchas yeruas y muchas palabras y muchas piedras, que no faltaron palabreros de quien las aya de valde, y muelelo todo junto y hazle vn emplasto y ponlo ençima de la llaga, y luego sera sano. Y asle de guardar del viento, no te acontezca lo que disen: 'Que palabras y plumas el viento las lleua'.

46

MANUSCRIPT E

[fol. 15ʳ] Del librico de Euangelista de Cortona

El girifalte como halcon que jura falso, y causalo dos cosas: la vna que se engendra[185] en el veuo, y la otra que se cria en el nido y alli esta hasta que sabe bolar. Ha de tener el talle de linterna. Dize que son grandes golondrineros e como la golondrina es aue muy denodada, si el girifalte fuere herido de golondrina, tomala y mascala y pongela en el pico y sanara. Y si no querria mas dos *maravedis*.

Dize que se llamo el sacre asi porque el primer hombre que caço con el fue vn sacristan. Estos son buenos lebreros pero en fiuzia dellos, no de-[fol. 15ᵛ]-xes de lleuar buen galgo y buena ballesta, que yo tuue vno —dize Euangelista— que nunca liebre le mate que se le fuese. Que son todos carne y no pescado, y que si lo fueran, trabajo seria a los caçadores[186] en Abila y en Segovia, que las alcandaras en inuierno estarian debaxo del agua y auria de tener calabaças por cascaueles.

El nebli se llamo asi porque el primero que caço con el se llamaua Joan de Niebla.[187] Todos los reyes y principes huelgan de caçar con ellos porque buelan bien altaneria. En la casa que no ay mas de vno es imposible hallar dos, aunque la trastornen toda. Halcones son que matan muchas raleas, pero las raleas de que mas matan son roçi-[fol. 16ʳ]-nes de caçadores, y a las uezes los caçadores mesmos andando de çerro en çerro dando bozes: '¡A! ¿vistes me aca a mi aguelo?'.

Bahari tanto quiere dezir como barril y dizen bien que asi pareçe barril como puerco, vallesta. Conoçellos ha el cetrero que los fuere a buscar que tienen los colodrillos en derecho de las colas. Estan bien los caçadores con ellos porque no tosen ni escupen. Tienen otra cosa mala, que comen carne en viernes y en quaresma.

Los bornies parecen a los sacres, aunque tienen el plumaje vn poco[188] mas aburielado. Segun duran poco con los caçadores, presumese que vienen a deprender la lengua.

---

[185] Added between lines above an illegible erasure.
[186] a los caçadores] added between lines.
[187] The -i- written between lines.
[188] vn poco] written between lines.

[fol. 17ᵛ][189] Qua*n*do buela*n* los bornis, no andan. So*n* buenos p*ar*a llevar cartas si bolviese*n* co*n* la respuesta.

Alfaneq*ue*s q*u*i*e*re dezir ta*n*to como afanadores. Los caçadores que trata*n* co*n* ellos viene*n* presto e*n* gra*n* pobreza. Señales: de las rodillas a hasta el pico esta*n* cubiertos de pluma. Fallarlos ha*n*, do quier q*ue* estuuiere*n*, del tamaño q*ue* Dios los quiso hazer. A*n* de llevar sus dos alas p*ar*a bolar porq*ue* se haze mejor q*ue* co*n* vna. Ha*n* de ir p*ar*a bolar bie*n* templados, al deste*m*ple. E*n* dia que no sea aziago, no sera maravilla q*ue* harte*n* vna casa de ha*m*bre y de lazeria todo vn año, aunq*ue* aya xx per-[fol. 18ʳ]-sonas e*n* ella.

Açores de villa y de ca*m*po. Co*n* los açores de villa el cetrero deue de leua*n*tarse bie*n* de mañana y tomar el açor e*n* vna mano y media dozena de reales e*n* la otra, y irse a donde vende*n* las p*er*dizes, y si valiere*n* a real, tantos quantos reales lleuare, tantas p*er*dizes traera. Ponga su açor e*n* el alcandara y de*n*le bue*n* papo, y e*n*xalvegara vn palaçio q*ue* sera plazer. Los de ca*m*po sube*n*se e*n*çima vn peral, y por bozes q*ue* les de*n*, no viene*n* a la mano. Si a mi me creyese el caça-dor aviasele de dexar alli.

[fol. 18ᵛ] Los tagarotes tiene*n* la cabeça p*r*ieta porq*ue* el p*r*imer*o* q*ue* caço co*n* ellos fue vn escriuano. Diose tanto a la caça q*ue* vino e*n* pobreza, a no tener p*ar*a comprar vn capirote, pusole vn tintero e*n* la cabeça y quando alguno le dema*n*daua algu*n* testimonio no le osaua dar por no q*u*itar el tintero y se le fuese o se batiese. Vn dia se le vuo por fuerça de q*u*itar y fuese, y de alli les q*ue*daro*n* las cabeças p*r*ietas. La señal p*ar*a conoçellos es q*ue* cada vno tiene dos manos, y e*n* cada mano quatro dedos, y e*n* cada dedo su vña.

[fol. 19ʳ] Del libro de Eua*n*gelista:

Los gauilanes dize q*ue* son frios; deurianlos frisar porq*ue* todo lo frisado es mas caliente q*ue* lo tundido. Tambie*n* dize q*ue* es menester dalles papos calie*n*-tes, ¡q*ue* mas calie*n*tes q*ue* papos de brasa!, y si es verano buenos papos de nieue. La pluma q*ue* los ha*n* de dar p*re*gu*n*tadlo a los labradores y respondera*n* q*ue* buenos ajos e*n* capirotada.

Los alcotanes pareçe*n* mucho e*n* el vestir frayles de Sa*n*to Domingo, co*n* las cabeças p*r*ietas y debaxo los escapularios blancos, y por esto no oso poner lengua e*n* ellos porq*ue* pareçe*n* de religio*n*. Seos [fol. 19ᵛ] dezir q*ue* caça*n* dehesas e hu[er]tas de frayles sin temor y entra*n* hasta los refitorios. Quando buela*n* no*n*

---

[189] Folios 16ᵛ-17ʳ, are written in a landscape orientation, and the texts on them are excerpts from Pero López de Ayala's *Libro de la caza de las aves*. For its edition see José Manuel Fradejas Rueda, 'El supuesto *Libro de cetrería* de Álvar Gómez de Castro', *RLM*, 1 (1989), 15-30.

ponen los pies en el suelo.

Los milanos son de gran conçiençia, no ponen mano en cosa biua porque dizen que nunca Dios quiera que saquen anima do no la pusieron; antes se çeuan en cosas muertas, asi como ouejas, a[s]nos. Los pollos dize[n] que se les haze cargo de conçiençia porque se les sal[en] a las madres de entre la[s] alas, y asi, biuos, los met[en] en el papo, y por eso se dixo 'tarde piache'. Las alcandaras que han de tener, han de ser figueras, y [fol. 20ʳ] vos vereys como estaran las breuas seguras de los pollos.

Los esmerejones biuen poco porque son grandes carnicoleros.[190] Los caracoles, quando los uen[191] venir, como tienen cuernos saca[n]los y espetanselos, y asi biuen poco.

El plumaje de los cernicalos es de color de buñuelos. Son buenos lagartije-ros y mariposeros. Los mochachos presumen de hazellos; mas si ellos a mi me creyesen, con buen arco de bodoques los auian de llamar a la mano. Y la pluma que les auian de dar, auia de ser dellos [fol. 20ᵛ] mesmos pelandolos hasta no les dexar pelo.

Y si tu halcon estuuiere malo, no le purgues en este mundo, esperate quan-do te murieres y lleualo contigo al purgatorio y purgaros e [sic] ambos juntos. Y el dia del Juizio no aura ralea en el çielo que no mates.

---

[190] Follows an illegible erasure.
[191] Follows an illegible erasure.

MANUSCRIPT N

Del librico de Euangelista de Cortona

El girifalte como halcon que jura falso, y causanlo dos cosas: la vna que se engendra en el veuo, y la otra que se cria enceñido[192] y alli esta hasta que sabe bolar. Ha de tener el talle de linterna. Dize que son grandes golondrineros e como la golondrina es aue muy denodada, si el girifalte fuere herido de golondrina, tomala y mascala y pongela en el pico y sanara. Y si no querria mas dos m*arave-dis*.

Dize que se llamo el sacre asi porque el primer hombre que caço con el fue vn sacristan. dstos son buenos lebreros pero en fiuzia dellos, no [fol. 126ᵛ] dexes de lleuar buen galgo y buena vallesta, que yo tuve vno -dize Evangelista- que nunca liebre le mate que se le fuese. Que son todos carne y no pescado, y que si lo fueran, trabajo tenian los caçadores en Avila y en Segovia, que las alcandaras en invierno estarian debaxo del agua y aurian de tener calabaças por cascaueles.

El nebli se llamo asi porque el primero que caço con el se llamaua Joan de Niebla. Todos los reyes y principes huelgan de caçar con ellos porque buelan bien altaneria. En la casa que no ay mas de vno es imposible hallar dos, aunque la trastornen toda. Halcones son que matan muchas raleas, pero las raleas de que mas matan son roçines de caçadores, y a las vezes los caçadores mesmos andando de çerro en çerro dando bozes: '¡A! ¿vistes me aca a mi aguelo?'.

Bahari tanto quiere dezir como barril y dizen bien que asi pareçe barril como puerco, vallesta. Conoçellos ha el çetrero que los fuere a buscar que tienen los colodrillos en derecho de las colas. Estan bien los caçadores con ellos porque no tosen ni escupen. Tienen otra cosa mala, que comen carne en viernes y en quaresma.

Los bornies parecen a los sacres, aunque tienen el plumaje vn poco mas aburielado.[193] [fol. 127ʳ] Segun duran poco con los caçadores, presumese que vienen a deprender la lengua.

Quando buelan los bornis, no andan. Son buenos para lleuar cartas si bolviesen con la respuesta.

---

[192] en el nido] enceñido, *eñi* expunctuated.
[193] Catchword: *segun duran*.

Alfaneques quiere dezir tanto como afanadores. Los caçadores que tratan con ellos vienen presto en gran pobreza. Señales: de las rodillas hasta el pico estan cubiertos de pluma. Fallarlos han, do quier que estuvieren, del tamaño que Dios los quiso hazer. An de llevar sus dos alas para bolar porque se haze mejor que con vna. Han de ir para bolar bien templados, al destemple. En dia que no sea aziago, no sera maravilla que harten vna casa de hambre y de lazeria todo vn año, aunque aya xxv. personas en ella.

Açores de villa y de campo. Con los açores de villa el çetrero deue de leuantarse bien de mañana y tomar el açor en vna mano y media dozena de reales en la otra, y irse a donde venden las perdizes, y si valieren a real, tantos quantos reales lleuare, tantas perdizes traera. Ponga su açor en el alcandara y denle buen papo, y enxalvegara vn palaçio que sera plazer. Los de campo subense ençima vn peral, y por bozes [fol. 127ᵛ] que le den, no viene a la mano. Si a mi me creyese el caçador aviasele de dexar alli.

Los tagarotes tienen la cabeça prieta porque el primero que caço con ellos fue vn escrivano. Diose tanto a la caça que vino en pobreza, a no tener para comprar vn capirote, pusole vn tintero en la cabeça y quando alguno le demandaua algun testimonio no le osaua dar por no quitar el tintero y se le fuese o se batiese. Vn dia se le vuo por fuerça de quitar y fuese, y de alli les quedaron las cabeças prietas. La señal para conocellos es que cada vno tiene dos manos, y en cada mano quatro dedos, y en cada dedo su vña.

Del libro de Evangelista:

Los gauilanes dize que son frios; devrianlos frisar porque todo lo frisado es mas caliente que lo tundido. Tambien dize que es menester dalles papos calientes, ¡que mas calientes que papos de brasa!, y si es verano buenos papos de nieue. La pluma que los han de dar preguntadlo a los labradores y responderan que buenos ajos en capirotada.

Los alcotanes pareçen mucho en el vestir frayles de Santo Domingo, con las cabeças prietas y debaxo los escapularios blancos, y por esto no oso poner lengua en ellos porque pareçen de religion. Seos dezir que caçan[194] [fol. 128ʳ] dehesas e huertas de frayles sin temor y entran hasta los refitorios. Quando buelan non ponen los pies en el suelo.

Los milanos son de gran conçiençia, no ponen mano en cosa biua porque dizen que nunca Dios quiera que saquen anima do no la pusieron; antes se çeuan en cosas muertas, asi como ovejas, asnos. Los pollos dizen que se les haze cargo de conçiençia porque se les salen a las madres de entre las alas, y asi, biuos, los

---

[194] Catchword: *de*.

meten en el papo, y por eso se dixo 'tarde pia che'. Las alcandaras que han de tener, han de ser figueras, y vos vereis como estaran las breuas seguras de los pollos.

Los esmerejones biuen poco porque son grandes carnicoleros. Los caracoles, quando los ven venir, como tienen cuernos saca[n]los y espetanselos, y asi biuen poco.

El plumaje de los çernicalos es de color de buñuelos. Son buenos lagartijeros y mariposeros. Los mochachos presumen de hazellos; mas si ellos a mi me creyesen, con buen arco de bodoques los auian de llamar a la mano. Y la pluma que les auian de dar, auia de ser dellos mesmos pelandolos hasta no les dexar pelo.

Y si tu halcon estuuiere malo, no le purgues en este mundo, esperate quando te murieres y lleualo contigo al purgatorio y purgaros en ambos juntos. Y el dia del Juiçio no aura ralea en el çielo que no mates.

MODERN SPANISH VERSION

Libro de cetrería compuesto por Evangelista, corriendo fortuna por el golfo de León, camino de Rodas por no estar ocioso[195] y no pensar en los peligros de la mar.

Trata de todas las maneras de aves de caza, costumbres y denominaciones, orígenes y genealogías. Se ponen también sus propiedades esenciales y accidentales, sus naturalezas generales y particulares, sus tachas intrínsecas y extrínsecas, sus virtudes secretas y manifiestas, sus complexiones, cualidades e inclinaciones propias y adquiridas, sus reveses, usos y costumbres. Se dan, asimismo, avisos y remedios, cautelas y experiencias para su buen tratamiento y cura, conservación y régimen sanitario, en salud y sin ella, en casa y en caza, en vida y en muerte. Y esto todo se trata juntando en suma la verdad, lo más sucinta y compendiósamente que pudo ser, sin disputar ni averiguar opiniones varias y sin provecho. Y, acabado, lo envió al prior de San Juan, don Álvaro de Zúñiga,[196] su señor. Decía así:

Puesto que a Nuestro Señor quiso darme sabiduría y ciencia sobre todo hombre de mundo, de los que hoy son nacidos, yerro sería no dejar alguna obra provechosa a los que hoy son y en adelante serán en memoria mía. Y acordándome cuán agradable es a vuestra señoría toda caza, cualquiera que sea, más que a señor que haya visto ni oído, acordé en ocupar la fantasía en componer esta poca y perfecta obra, la cual es la sustancia de toda la cetrería que hoy se podría pensar ni hablar en todo el mundo, y siguiendo el estilo de ella, será causa de apartar a los cazadores de muchas y diversas opiniones y porfías, y darán en lo vivo y se podrán llamar perfectos y verdaderos cazadores.

---

[195] This is one of the motives that set PLA to compose his book: 'e por esto acorde de trabajar por non estar oçioso' (Prologue, 50), a motive that is not present in JS.

[196] Álvaro de Zúñiga or Estúñiga ('corruptamente los llamamos, a los señores deste apellido, Zúñigas', Cov. s. v. Estúñiga) is the son of the Count of Plasencia and Duke of Arévalo. He was the Prior of the Order of Saint John of Rhodes between 1470 y 1474 if we are to trust Diego de Valera's *Memorial de diversas hazañas: Crónica de Enrique IV*. There is scarcely any information about him because he was overshadowed by his father's fame.

Capítulo I. Del halcón gerifalte

Halcón gerifalte se dice por halcón que jura falso y no es creido.[197] Caúsalo que se engendran dentro del huevo y nacen dentro en el nido, y así se crían hasta que saben volar. Tú, cazador, que lo has de comprar, mira que sea de talle de linterna y que tenga el plumaje del color de su madre; y que tenga cabeza con su pico y que la tenga en la punta del pescuezo, porque si la tuviera en medio parecería que tiene dos papos[198] y cabeza ninguna. Y sobre todo mira que sea avivado, porque los muertos aprueban muy mal en Castilla, porque salen flojos y desmayan y pierden el comer hasta que se secan. Son aves bien acondicionadas, mejor los contentarás con un papo lleno de gallina que con otro vacio de vaca. Mira que no caces con él antes que nazca, porque le quebrantarías y te duraría poco, más vale tener paciencia veinte o treinta años, hasta que echen el flojel,[199] que matarlos antes con antes. Salen algunos de ellos muy buenos golondrineros,[200] y como las golondrinas[201] son de muy gran esfuerzo, si se pusiere en defensa e hiriere a tu halcón en el lugar vergonzoso, búscala, aunque se meta en el cuerpo de una ballena, y májala y pónsela al halcón encima de la llaga dos o tres años, y si con esto no sanare, querría más un maravedí.[202]

---

[197] Play on words based on one of the possible etymologies of *gerifalte*. According to Covarrubias: 'y en quanto toca a la etimología del nombre, dize Juan López de Velasco: girifalte, *girifalcone seu gerens falcem*, por las uñas que tiene corvas y falcadas, pero es común a todas las aves de rapiña. A mí me parece averse dicho de giro, que es buelta en redondo, porque sube por el ayre dando tornos, y quando se vee sobre el ave cae a ella de golpe. Y assí el francés le llama *gerfaut*, y buelve en latín *girofalcus*, y en castellano podríamos bolver gyrofalcón, y corruptamente girifalte' (s. v. girifalte). Obviously none of these possibilities is the real etymology. According to the *DCECH* (s. v. gerifalte) the MSp. *gerifalte* can be traced back to an OFr. *girfalt* which in turn goes back to an ONr. *geirfalki*, in which the first element according to *The Concise Oxford Dictionary of English Etymology* is obscure, but *geiri* for the *DCECH* means 'groove, shaftlike object'.

[198] *papo* gorge, crop.

[199] *flojel* chick's down.

[200] *golondrineros* trained to hunt swallows.

[201] Play on words between *golondrina* 'swallow' (*Hirundo rustica*) and *hierba golondrinera* 'greater celandine' (*Chelidonium majus*).

[202] *maravedí* low value currency.

Capítulo II. Del halcón sacre

El halcón sacre se llama así por dos cosas: la una porque el primero que cazó con ellos fue un sacristán; la otra porque son aves de gran secreto, que nunca les diréis cosa, con enojo o con placer, que la halléis en boca de nadie.[203] Si hubieres de comprar alguno, mira que sea bien apañado, de talle de hisopo[204] porque es muy anejo[205] a los sacristanes; y su plumaje de una colorcilla cual más te agradare; y que tenga dos pies y en cada pie cuatro dedos y en cada dedo una uña, y si no lo supieres bien contar, lo sacarás por la cuenta de la luna en el año que no hay bisiesto. Este halcón tiene esta propiedad: que jamás lo verás sentado, antes, de noche y de día, durmiendo o velando, siempre está en pie y, como sea ave pesada y carga todo sobre los pies, salen los más gotosos[206] y las pihuelas[207] les son dañosas y contrarias; a los tales los has de tener con jáquima[208] y los has de guardar de cediérvedas[209] y de toda verdura peliaguda. Te sé decir que mata con gran interés la gallina negra si está en el señuelo,[210] y tanto se atreve a ella que a las veces se halla mal de ello. Si por desastre la gallina hiriere a tu halcón, pélala y guarda bien la pluma[211] para el hospital, porque si mucho te das a la caza no sabes en qué te has de ver, y envíame la gallina a mi posada, que por su sabor sacaré la receta para la cura que le has de hacer, y cuando no la sacare veremos si serás hombre para demandármelo.

---

[203] Play on words based on the partial likeness of the signifier of *sacri*stán and *secre*to. The etymology of *sacre* 'saker' (*Falco cherrug*) is not very clear, some authors believe it to come from Ar. *ṣaqr* and others from Lat. SACER 'holy'. This last etymology clearly explains the assimilation to vergers.

[204] *hisopo* aspergillum.

[205] *anejo* attached.

[206] *gotosos* that suffer from gout.

[207] *pihuelas* jesses.

[208] *jáquima* headstall.

[209] *cidiérveda* pork sparerib meat.

[210] *señuelo* lure.

[211] *pluma* 'casting', also known as *plumada*, and according to JV *curalle* because 'es mas apropiado bocablo curalle pues se le da a la abe para cura' (MS 6361 de la ÖNB, I, xv, fol. 14ᵛ).

63

Capítulo III. Del halcón borní

Borní es nombre guineo[212] que quiere decir provechoso, y así lo son verdaderamente. Y parecen un poco en el plumaje a los sacres, pero alguna diferencia hay, porque el borní desde el pico hasta la cola y desde la cola hasta las rodillas está lleno de pluma. El pollo de esta ralea[213] tira a buriel[214] y el que es mudado[215] a pardillo. Tiene muchas propiedades buenas: la primera que cada año una vez y de cuantas mudas[216] muda, de cada una de ellas tiene su dueño un año más y el halcón otro. Y mirad otra maravilla, que en la casa donde no hay más de uno es imposible hallar dos aunque la trastornes toda. Y los borníes habéis de creer que son de carne, por gracia de Dios, porque si fuesen de pescado, en sacándolos fuera del agua morirían y les habríais de hacer el alcándara[217] debajo del agua, lo cual sería grave cosa. ¿Qué sentirían los que los tienen en Segovia o en Ávila en invierno,[218] y también en lugar de castañales? Y en lugar de cascabeles[219] les habíais de poner calabazas,[220] porque de otra manera se ahogarían porque no

---

[212] *guineo* from Guinea. The correctness of this reading, despite the not very clear reading of *griego* rendered by MS V, is supported by Covarrubias's definition of *borní* (*Falco biarmicus*): 'Especie de halcón; tomó el nombre de la tierra donde primero se truxo, y es Borní, cierta provincia de la Guinea'. Although Evangelista says that lanners are profitable, Juan Manuel in his *Libro de la caza* did not like them:

> De los bornis non quiso don Iohan fablar mucho porque se non paga mucho de la su caça nin de las sus maneras (III, 532).

> De la conosçençia nin de la caça de los bornis non se entremete nin se paga mucho et esso mismo dize en la su criança (IV, 537).

> De la caça nin de la connosçençia de los bornis non se paga mucho nin se entrimitia a faular en ellos (IX, 563).

[213] *ralea* species.

[214] *buriel* redish, halfway between black and brown.

[215] *mudado* moulted, mewed.

[216] *muda* moult, mew. An annual process undergone by all kinds of birds.

[217] *alcándara* perch where birds rest.

[218] Evangelista is alluding to the cold climate of these two Castilian cities.

[219] *cascabeles* bells.

[220] pumpkins were used as rubber rings or lifejackets as can be seen in Cov.'s definition: 'Las calabaças sustentan en el agua a los que no saben nadar, que sin

saben nadar. Salen algunos de ellos muy buenos perdigueros,[221] en especial unos que son de talle de guitarra, teniéndolos muy bien templados al destemple[222] y saliendo a cazar en día que no sea aciago,[223] no será maravilla que, con él y con una red tiradera,[224] maten de cada vuelo una banda de perdices queriendo ellas entrar en la red.

Capítulo IV. Del halcón alfaneque

Alfaneque quiere decir en árabe afanador.[225] Estos halcones vienen de allende[226] y son de talle y plumaje y condición y tamaño ni más ni menos que Dios los hizo. Tienen dos cosas en que los conocerás entre los otros halcones: la primera que tienen el pico retornado;[227] la otra que tienen el colodrillo[228] en derecho de la cola. Son halcones de muy buena yacija.[229] Tienen otra cosa muy buena: que nunca tosen ni escupen, y esto precian mucho los halconeros, porque no hay cosa más aborrecible para el cazador que el halcón tosedor. Pero tienen un

---

ellas se irían a lo hondo' (s. v. calabaça).

[221] *perdigueros* trained to hunt partridges. Cf. *golondrineros* on note 200.

[222] Play on words because *templado* may refer to tune a guitar, and that explains the phrase 'talle de guitarra' and in birds of prey it refers to be sharp set, i. e. to be in good hunting condition, keen, even anxious to hunt. A modern term of eastern origin is *yarak*.

[223] *aciago* ill-fated.

[224] *red tiradera* net cast with the aid of an arrow.

[225] According to Covarrubias 'aunque el nombre parece arábigo, su rayz es hebrea, y en rigor se ha de dezir al-haneque, que vale tanto como enseñado y disciplinado, del verbo [...], *hanac*'. There is no positive identification with any bird of prey. Rodríguez de la Fuente in his *El arte de cetrería* says that it is an 'halcón lanario africano' (p. 275a). In Portugese the *alfaneque* is the lanner (Cfr. R. Peterson, G. Mountfort and P. A. D. Hollom, *Guía de campo de las aves de España y de Europa* [Barcelona: Omega, 1982, 5th ed.], p. 107). See Walter Mettmann, 'Spanisch / portugiesisch *alfaneque* und *tagarote*', ZRP, 77 (1961), 336-44.

[226] *allende* beyond the seas.

[227] *retornado* curved.

[228] *colodrillo* back of the neck.

[229] *buena yacija* quiet temper.

mal, que comen carne en viernes y en cuaresma, que todo lo hacen igual a la ley morisca.[230] Pero también hacen otra cosa muy buena: que si lo tienes muy bien templado, y él ha gana, tan bien volará en martes[231] como en lunes, pero los has de llevar cabalgando, que son muy malos peones, puestos de pies encima de la mano, porque si de espaldas los pusieses estarán patas arriba y tienen la pluma tan delgada, que todas se rozarían. Y cuando salieres a caza con él, mira que lleve sus alas, ambas a dos, porque mejor vuelan con dos que con una. De éstos salen muy buenos lebreros,[232] pero confía en ellos: no dejes de llevar buen galgo y ballesta, que yo tuve uno que nunca maté liebre, con la ballesta y el galgo, que se le fuese a él.

Capítulo V. Del halcón tagarote

¿Quieres saber por qué se llaman tagarotes? Pregúntaselo, que a mí nunca me lo han querido decir.[233] Éstos son unos halcones ochavados[234] como huevos o tal cosa. Quieren parecerse a los baharíes, pero en la cabeza y en la cola los conocerás porque la cabeza todos la tienen prieta y la cola les sale del obispillo.[235] La causa por que tienen la cabeza prieta[236] es porque el primero que cazó con ellos fue un escribano y, como sean halcones muy aprovechados, tanto

---

[230] MS P₁ enlarge the joke about the Moors with an *amplificatio* in which he talks about coughing falcons: 'puede ser que lo hazen en su lenguaje morisco y aca no los entendemos' (fol. 4ʳ).

[231] An allusion to ill-fated days, specially Tuesdays.

[232] *lebreros* trained to hunt hares. Cf. *golondrineros* and *perdigueros* in notes 200 and 221.

[233] *tagarote*: 'Cierta especie de falcón, que no deve ser tan estimado como los demás, pero se sirven dél para ayudar, y díxose de una ribera que está en África dicha Tagarros, junto a la qual están unas peñas donde se crían estas aves' (Cov. s. v. tagarote). According to Charles Newcomer 'Neblí, baharí, tagarote' (*NRFH*, 6 (1952), 144-48) who takes his description from those offered by Juan Manuel and López de Ayala in their treatises, and it is an African variety of the *Falco peregrinus*.

[234] *ochavado* octogonal.

[235] *obispillo* rump.

[236] *prieta* black.

se dio a ellos que vino en gran necesidad, que no tenía para comprarles capirotes[237] de manera que siempre los traía con el tintero de sus escribanías[238] puesto en la cabeza y, si alguno le demandaba algún testimonio de algo que ante él pasaba, no se lo osaba quitar porque el halcón no se debatiese[239] o fuese, y así empobreció. Un día se lo tuvo que quitar por fuerza y se le fue, y de allí le quedó la cabeza prieta y desde entonces todos salen cabeciprietos. Tienen una propiedad: que siempre duermen con la cabeza debajo del ala, y te quiero decir porqué: Tú sabrás que cuanto hacen de día estando despiertos tanto hacen de noche durmiendo, y este escribano tenía tres de estos halcones que es una muda entera,[240] y estando en la vara[241] siempre estaban jugando al abejón[242] por pasar el tiempo, y pensaron entre sí que también jugarían así de noche, entre sueños, y por eso acordaron de poner las quijadas[243] a buen recaudo, porque no les alcanzase alguna bofetada del uno al otro, y por esta causa ponen las cabezas debajo de las alas.[244] Son halcones malenconiosos,[245] por cualquier cosa se hinchan hasta reventar; debes mirar mucho, cuando los comprares, que tengan un espiradero[246] debajo de la cola porque si se hincharen, tengan por donde espirar, que no revienten. Y aun te digo que son halcones de poco provecho, pero madrugándolos mucho

---

[237] *capirotes* hoods.

[238] *escribanía* writing case.

[239] *debatiese* bate.

[240] *muda entera* it is said that birds of prey usually lay three eggs, that is the reason why the ensemble of three such birds is known as *muda entera*.

[241] *vara* another word for *alcándara*. See note 217.

[242] *abejón*: 'El juego del abejón se haze entre tres, y el de en medio, junta las manos, amaga a uno de los dos que le esperan, el un braço levantado y la mano del otro puesta en la mexilla, y da al que está descuydado; entonces ellos tienen libertad de darle un pestorejazo' (Cov. s. v. abejón).

[243] *quijada* mandible.

[244] Evangelista is making fun a precautionary advice given by PLA: 'E en España usan los falconeros dexar sus falcones sueltos porque sy de noche saltan del alcandara, que acaesçe [soñando] los [falcones] que andan a caça, serya peligro, e algunos ha que se perdieron asy' (VIII, 99). As in many other instances, JS (I, IX, fol. 12ᵛ) copies it.

[245] *malenconiosos* 'passión mui ordinaria, donde ay poco contento y gusto' (Cov. s. v. melancolía).

[246] *espiradero* a hole to breath out. Evangelista is talking about the bird's anus.

y saliendo a caza con dos o tres juntos, y por tierra blanda que no haya pedregal, son bastantes para hartar una casa de hambre y miseria todo el año, aunque haya en ella veinte personas.

Capítulo VI. De los halcones baharíes

Baharí es nombre vizcaíno y quiere decir barril,[247] y nunca vi nombre tan propio porque así parecen barril como el puerco, ballesta. Estos halcones vienen de Vizcaya y, según duran poco con el hombre, presúmese que vienen a aprender la lengua castellana como los muchachos y en seguida se van y apañan lo que pueden a su dueño, que así me hizo a mí uno, que al cabo de un mes me llevó unas pihuelas y unos cascabeles y un capirote en la cabeza porque hacía frío.[248] Estos halcones son del plumaje de sus antecesores y son muy rápidos, tanto que dejan de correr y vuelan y parece que no ponen los pies en el suelo,[249] serían buenos para llevar cartas si volviesen con la respuesta, mas cada día buscan amo nuevo y en seguida lo hallan porque no quieren sino que les hagan la costa,[250] que lo otro ellos se lo baratan.[251] Estos halcones nunca mean, y por esto son

---

[247] *baharí*: 'Ave de bolatería conocida; dizen ser nombre arábigo, y el padre Guadix dize valer tanto como ultra marino, porque los primeros que vinieron a España se truxeron de las islas setentrionales, navegando con ellos por mares tan remotos. Francisco López Tamarid buelve: halcón que passa la mar' (Cov. s. v. baharí). All authors agree in the etymology of *baharí* as it can be traced back to an Ar. *baḥr* 'sea'. They do not agree, however, when it comes to the identification of the bird; according to Charles Newcomer's 'Neblí, neblí, tagarote' it is the Mediterranean variety of the *Falco peregrinus*.

[248] Evangelista is making fun of PLA's advice, who after the bird had been bathed to get rid of lice (see further ahead) recommends to furnish the bird 'de buenas piuelas e cascaveles e capirote' (VIII, 84), an aspect on which PLA insists a few lines further on: 'guarnesçe tu falcon de buenos cascaveles e buenas piuelas e buen caperote' (VIII, 97).

[249] According to PLA: 'Otrosi los halcones baharys e tagarotes son buenos grueros corredores' (III, 69).

[250] *hagan la costa* to provide with all the furniture that the bird needs, i. e. hood, bells, jesses and bewits.

[251] *baratan* procure by themselves.

dolientes de la ijada[252] y crían piedra,[253] y por esto has de cazar con ellos a pedradas, que una piedra saca otra. Y habéis de ir encima de buen caballo y a veces el caballo encima de vos, cuanto más si le ponéis las espuelas por buen atochal.[254] Éstos matan muchas raleas,[255] pero cierto, lo que más matan son rocines de cazadores y a las veces al mismo cazador de hambre y de sed, que hartas veces habré andado por los montes dando voces diciendo: '¿Vistes por allí mi halcón?'.

Capítulo VII. De los miliones

Milión[256] quiere decir mil hombres, y según es ave grande y desabrida,[257] tanto y más en él que en ellos. Algunos dicen que no es éste su nombre, pero pregúntaselo, que yo no le sé otro. Éstas son aves muy cortas de razones y muy cumplidas de zancos[258] y cola y pescuezo, tanto que puesto en la mano su pico os llegará cerca del ojo;[259] por quitar inconvenientes siempre le debes tener dado un nudo en el pescuezo y no alcanzará. Son aves muy trabajosas de hacer,[260] pero después de hechas no querríais ser nacidos con ellas. Salen de ellas muy buenas, en especial unas que son de talle de albarda.[261] Su plumaje es de color de alazán.[262] Hacen la pluma[263] muy tarde, lo causa que son grandes de

---

[252] *ijada* flank.

[253] *piedra* stone that forms itself in the last portion of the rectum.

[254] *atochal* esparto field.

[255] *raleas* quarry. For a completely different and unusual meaning see note 213.

[256] *milión* buzzard (*Buteo buteo*). Evangelista is playing on words with *millón* 'million'.

[257] *desabrida* rude, unpleasant looking.

[258] *zanco* shank. Spanish falconers distinguish between the *zanco* 'shank' and the *cuja* (OSp. *cuxa/coxa*) 'thigh'.

[259] Any bird of prey, including the tiny kestrel, resting on the austringer's arm reaches to her master's eyes. So we are in presence of another of the obvious points on which Evangelista relies for the creation of his puns.

[260] *hacer* to train; to *make* is the correct falconer's term.

[261] *albarda* saddle.

[262] *alazán* sorrel.

[263] *hacer la pluma* to cast the castings.

cuerpo y tienen en el espinazo grandes escondrijos[264] y por esto les habéis de dar gran pluma[265] cada tarde: un cabezal y a veces un penacho para rematar, y dásela con fiador[266] porque si tardare en hacerla y quieres ir a cazar temprano, tirarás por el fiador y se la harás hacer a la hora que quisieres. Mata muy bien toda carne muerta. Su comer de contínuo es el atavío de la gineta,[267] tahalís,[268] albornoces[269] y borceguíes[270] y aun al borzeguinero[271] con sus hormas[272] y chambariles[273] se llevará por pluma, y si no se pone a buen recaudo calzado y vestido, haced cuenta que nunca lo vistéis. Puedes cazar con él dos veces en un día, con la mitad por la mañana y con la otra mitad por la tarde, que bien hay para todo.[274] Si te preguntaren para qué es tan extraña ave, diles que para meter en culo a los preguntadores. Y la cola de fuera porque si quisiere subir al cielo sin escalera, pueda subir sobre la cola. Te sé decir que enjalbegará[275] una casa en una noche.

---

[264] It seems that Evangelista is making fun of this section of PLA's treatise: 'e para esto develo poner en una alcandara e mandar barrer de yuso en manera que este linpio el suelo quando el falcon fiziere la plumada, que otro dia la fallen e non se pueda esconder en ningun logar' (XVIII, 126).

[265] *dar pluma* to give a medicated casting.

[266] *fiador* creance.

[267] *gineta* according to Covarrubia 'algunas veces significa una lança corta con una borla por guarnición'. So *atavío de la gineta* must be that tassel, although if we take into account that the elements of the following reckon are in whole or in part made of leather, it is quite probable it refers to rider's gear.

[268] *tahalís* swordbelts.

[269] *albornoces* burnouses.

[270] *borceguíes* 'bota morisca con soletilla de cuero, que sobre él se ponen chinelas o çapatos' (Cov. s. v. borzeguí).

[271] *borceguinero* borceguí maker and seller.

[272] *horma* boot tree.

[273] *chambaril* heel bone.

[274] Derived from PLA: 'Otrosy lo faras bolar a las tardes, ca el nebly dos vezes al dia quiere [bolar]' (VIII, 99).

[275] *enjalbegará* whitewash. Evangelista is alluding to the birds' mutes or droppings.

Capítulo VIII. De los halcones neblíes

Los halcones neblíes son así llamados porque son de color de niebla.[276] Son aves muy preciadas de príncipes y grandes señores.[277] Éstos cazan en altanería[278] entre el cielo y la tierra, y en especial los que son de talle de vejiga llena de viento salen muy livianos,[279] porque así es la vejiga de las cosas más livianas del mundo. Y unos que tienen los ojos debajo de las cejas y el casco[280] a la par de las narices son muy denodados. Has de cazar con ellos en esta manera: mira

---

[276] Evangelista is playing on words with the possible etymologies of *neblí*. Among the different authors several opinions are to be found. According to PLA:

> E los falcones neblis [...] en Castilla e en Portugal son llamados neblis; pero al comienço fueron llamados nobles, e por tiempo corrompiose este vocablo, e dizenlos neblis (I, 62),

and according to JS:

> Estos falcones llama*n* en Castilla neblis por q*ue* los p*r*imeros q*ue* fuero*n* tomados en España fuero*n* tomados en njebla, *τ* ovo los vn cauallero q*ue* dezian Florendos el Gordo q*ue* era señor de aq*ue*lla t*ie*rra, *τ* era grande caçador de aves, *τ* esto fue en tienpo del rrey Ba*n*ba q*ue* era rrey, *τ* señor de España, *τ* por esto los llama*n* en España neblis (I, I, fol. 3ʳ).

Covarrubias (s. v. neblí) quotes Sahagún's opinion, and gives three possible etymologies: from 'noble', from the Andalusian town Niebla, and from *nubili*, because it seems to fly above the clouds. According to the *DCECH* it is related with **niblo* which is a reflex of late Latin NĪBŬLUS, 'pero los andaluces relacionarían este nombre con Niebla haciendo de él *neblí*' (s. v. neblí). Evangelista's play on words consists in the mingling of Niebla with *niebla* 'fog' and allusion to its colour. According to Charles Newcomer's 'Neblí, baharí, tagarote' it is the northern variety of the *Falco peregrinus*.

[277] That goes back to PLA: 'los girifaltes son muy grandes falcones e de muy gran paresçer, e los precian mucho los señyores' (III, 68).

[278] *altanería*: 'caça de bolatería, por lo alto, como la del milano y la garça y la cuerva y las demás; y los halcones amaestrados a esta caça se llaman altaneros' (Cov. s. v. altanería). See my papers 'El *Libro de la caza*: ¿halcones abaneros o halcones altaneros?' (*La Corónica*, 18:2 (1989-90), 77-82) and '*Acetrería, altanería, cetrería, halconería, volatería*: notas léxicas' (*RFE*, 72 (1992) forthcoming).

[279] *liviano* light.

[280] *casco* skull.

que hagan la pluma temprano, puedes tener manera que no amanezca hasta que la haga, que no es mucho alargar la noche una o dos horas. Antes que le eches de la mano, sácale todo el menudillo[281] del cuerpo porque vuele más rápidamente. Además de muchas raleas, tienen muy gran enemistad con los lavancos[282] y con las garzas. La causa de esto es porque los neblíes todos se solían cebar[283] en palomas, y un día andando uno a buscar de comer, después que se cebó en una paloma, fue a tomar el agua[284] a una laguna que estaba llena de lavancos y de garzas, y como los lavancos son las aves más lujuriosas del mundo, como lo vieron bien mojado, no mirando si era macho o hembra, antes que se secase, arremetieron con él y desvirgáronle y le dejaron por muerto. Las garzas que vieron esto dijeron las unas a las otras: '¿Queréis que nos lo comamos?' Dijeron: '¡Sí!, mas ¿cómo lo comeremos?'. Dijeron las otras: 'Asado'. Dijeron: 'mas ¿qué es el asador?'. Dijo una, que debiera ser la más atrevida: '¿En qué estáis? ¿Para qué me dio Dios este pico sino para tales ocasiones? ¡Yo lo asaré!' Entonces arremetió con él y le dio una estocada y le atravesó por los pechos, y por burlar a las otras empezó a huir con él, y se topó con un compañero del muerto que le venía a buscar, que ya sabía el negocio cómo había pasado de un cuervo que se lo había dicho; y fue tras la garza y la mató y desde allí quedó la enemistad ya dicha; y así, por esta causa, los neblíes a las garzas traen del cielo y a los lavancos sacan del agua. Estos neblíes son aves que no hay hombre en el mundo que sepa dónde crían, pero los que algo sabemos, todavía pensamos que nacen donde quiera que ello sea, que si no naciesen no valdrían una blanca,[285] que nunca vistes cuán pocos son los que están por nacer.

---

[281] *menudillo* entrails.

[282] *lavanco*: 'especie de ánade, que comúnmente anda en las lagunas, y por çabullirse en el agua de ordinario y lavarse en ella tomó este nombre' (Cov. s. v. lavanco). Should be the great crested grebe (*Podiceps cristatus*), but Whinnom (§ 91) identifies it with the ruddy shelduck (*Tadorna ferruginea*), but its habitat is more earthly than that of the great crested grebe, which, besides, is an excellent diver.

[283] *cebar* to feed.

[284] *tomar el agua* to bathe; it can also mean to drink.

[285] *valer una blanca* to be worthless.

Capítulo IX. De los azores

Los azores son unas aves muy hermosas si las hay en las aves, aunque los de Castilla son muy malos y perversos, en especial los de Galicia que son muy pedorros. Los has de guardar de las castañas y nabos que son viandas ventosas, y aun de darles a comer muy pocos membrillos porque son malos para esta dolencia. Salen buenos piadores,[286] que mejor os piarán todas las horas del día que los gallos las cantan de noche. Si los sacáis a caza, en lugar de hacer su hecho, se paran a echar dardillos[287] presumiendo de braceros,[288] que más dardos echarán en un día que vos echaréis en tres noches. Les habéis de dar la pluma en saliendo al campo para que cacéis con ellos, porque cuanto más pluma[289] tuvieren tanto más y más ligero volarán. Y de tenerlos en vara y aun de malos cazadores se hacen arrameros.[290] Dicen algunos que es bueno darles el papo y dejarlos en un árbol de fuera en el campo e ir de mañana por él, y a mi ver mejor sería nunca volver. Otros dicen que guardarlos para la muda y con los perdigones[291] tornar a hacerlos de nuevo;[292] éstos dicen verdad. Mas porque tu azor mude temprano, antes que los perdigones sean grandes, le has de buscar una muda[293] muy abrigada donde no entre ni mosca ni gallego,[294] y ésta ha de ser un horno.[295] Y busca paja de centeno y sarmientos de cepas negras en que se estriegue,[296] y la paja sea un gran brazado,[297] y mételo todo dentro en el horno con él y ponle vianda para un mes, y cierra la puerta del horno y suéltalo dentro, y porque no

---

[286] *piador* cheeping bird. It seems it was a serious problem because JV gives some remedies in I, XVIII.

[287] *dardillos* due to context it may refer to flatulences.

[288] *braceros* 'el que tiene buen braço para tirar la lança' (Cov. s. v. braço).

[289] Another play on words with the two possible meanings of *pluma*: 'feather' and 'casting; pellet'.

[290] *arrameros* branchers.

[291] *perdigones* partridge chicks.

[292] *hacerlos de nuevo* reclaim, re-man.

[293] *muda* mew.

[294] *gallego* north wind.

[295] PLA's advice is: 'E la casa sea bien caliente e syn viento e syn fumo' (XXXII, 161).

[296] *estriegue* scrub, 'rascarse con alguna cosa, como las bestias que se estriegan en las tierra, rebolcándose, o a los árboles o peñas' (Cov. s. v. estregarse).

[297] *brazado* armful.

esté a oscuras enciende la paja, y al cabo de una mes sácalo y lo hallarás mudado, así de plumaje como de condición, de manera que no lo conocerás y nunca más criará piojo,[298] ni arador[299] ni menos sarampión. Son malos capiroteros.[300] Al que fuere mal capirotero madrúgale cada mañana, especial los sábados, y vete con él a la sinagoga y paséalo entre aquellos capirotes de aquellos judíos, y así perderá el miedo al capirote;[301] y si todavía se te debatire con capirote cuando fueres a caza, vuélvele del revés: la pluma adentro, y así no se quebrarán las plumas ni se rozarán. También hay algunos azores que no quieren tomar el agua, y estos tales no pueden hacer cosa buena. A éstos, por que la tomen bien, busca un buen piélago[302] y remanso[303] que te dé hasta las cinchas, y toma un canto que pese de diez libras arriba y átaselo al pescuezo con unos dos palmos de cordel de lino alvar,[304] y ata en el canto un poco de carne de gallo castellano,[305] y guárdate mucho que no le eches al pescuezo la nómina[306] del dean de Córdoba

---

[298] One of the first things that a falconer had to do with a newly acquired bird was to get rid of lice, and that is clearly stated by PLA: 'E desque ovieres escogido y tomado tu falcon, lo primero que faras luego esse dia, bañialo con el oropimente [...] e alinpia mucho el falcon del piojo, e es menester este baño luego, porque jamas nunca bien podria fazer el falcon en quanto piojo toviesse, ca en el piojo que toviesse avria assaz que entender' (VIII, 83-84). PLA also devotes a chapter to lice (IX, 103-04) because they were a nuisance that any bird could be infected with from the quarry itself.

[299] *arador* mite.

[300] This section on how to accustom the birds to stand the hood is only preserved in MS P₁ in an independent chapter under the rubric 'Capítulo .x. habla de los halcones torçuelos', although *torçuelo* 'tiercel' is not a kind of bird of prey, but a way of naming male hawks, while females were known as *primas*.

As we have already seen with the cheeping birds, JV (I, XX) offers a remedy to make them to the hood. English falconers call the *malos capiroteros* hood-shy falcons.

[301] Evangelista is making fun of Jews and their *keppot*.

[302] *piélago* deep lake or pond.

[303] *remanso* pool, backwater.

[304] *lino alvar* unripe flax string.

[305] *gallo castellano* Evangelista is making fun of the complicated recipes used to heal birds.

[306] *nómina*: 'Usavan antiguamente traer unas bolsitas cerradas, y dentro dellas algunas escrituras y nombres de santos; y en tanto que en esto no huvo corrupción

porque podría ser que llevándosela se viese en peligro, y deja caer el canto en el piélago y el azor, por codicia de la carne, irá tras el canto y así tomará el agua.[307] Y hay algunos azores que crían agua en la cabeza,[308] pero ponles tú un Evangelio y criarán vino.[309] Con todo te quiero decir que no hay azor malo sino por falta de cazador. Algunos piensan que porque el azor se vuelve luego a la mano en saliendo, que lo hace de arramero y no saben de necios que se dicen. Sabed que así hay condiciones de aves como de hombres, y unos son para el campo, otros son para el poblado, y estos azores tales son para poblado. Habéis de cazar con ellos en esta manera: primeramente habéis de vivir en lugar de

---

y superstición, lo ordinario eran los quatro evangelios y nombres de santos, de donde se dixo nómina; y esto era muy lícito y religioso. Pero después añadieron otras muchas oraciones apócrifas, dándoles título que el que las llevasse colgadas al cuello, ni moriría en fuego, ni en agua, ni a hierro, ni ajusticiado, y que tendría revelación de la hora de su muerte. Otros han metido dentro de las dichas nóminas cien disparates, que no tiene ni pies ni cabeça, y assí están vedadas del todo' (Cov. s. v. nómina).

According to Paz y Melia (p. 241) it was the 'suma de los derechos que correspondían a aquella dignidad eclesiástica y que debían ser considerables en tiempo de Evangelista, cuando se emplea como término de comparación de cosa pesada'. I believe that Evangelista's criticism is more closely related to Covarrubias's definition than that of Paz y Melia, because *nóminas* were worn round the neck as a necklace 'colgadas al cuello' says Evangelista.

[307] Evangelista is satirizing PLA: 'E cata non le fagas por fuerza entrar en el agua, ca se escarmentarya, antes ten algunos sainetes e muestragelos por que [con] cobdiçia dellos salte en el agua' (VIII, 87). This section is also to be found in JS (I, IX, fol. 6ᵛ).

[308] It is a very common falcon's disease, more like a cold. According to JV 'propiamente se havía de llamar catarro o reuma'. *LAC* talks about 'romadizmos' (II, V-X, 118-26), i. e. rheumatisms. All authors devote some sections to dealing with headcolds (PLA [X-XI, 105-12], JS [II, II-VII, fols. 36ʳ-39ᵛ]).

[309] Evangelista is ridiculizing the weeding banquet at Cana (John 2). MSS P₁ y V say *majuelo* 'young vine' instead of *Evangelio*. Paz y Melia saw here 'una nueva prueba de que intentó ridiculizar el libro de Juan de Sant Fahagund pues en él se recomienda contra la dolencia de que aquí se trata, poner en la cabeza al halcón un saquillo caliente con yerbas aromáticas' (p. 239 n. b); in fact that goes back to PLA (XI, 109-10).

mucha caza y madrugar de mañana y cabalgar a pie en vuestros alcorques[310] o galochas,[311] si las tuviereis, y no en bestia[312] porque no se espante vuestro azor, y tomad en vuestra mano izquierda[313] el azor y en la derecha dos o tres reales en lugar de podencos; arremeteos a la tienda donde advirtieres que venden perdices y enridad[314] los reales y, en seguida, al llegar a ellas, veréis cómo se rinden. Así llevaréis a vuestra casa, con el azor y los reales, dos o tres pares de perdices, según llevéis reales y valieren las perdices.

Capítulo X. De los gavilanes

Los gavilanes son unas aves más hermosas que ninguna ave de rapiña y muy graciosas,[315] tanto que en otros reinos las damas cazan con ellos.[316] Son

---

[310] *alcorques* cork-soled footwear. According to Covarrubias it is 'Género de calçado cuyas suelas eran aforradas en corcho [...] Este calçado, aunque levantava la estatura de la persona, no era tan alto como el cothurno propio de los trágicos' (Cov. s. v. alcorque). See Jaime Oliver Asín, '*Quercus* en la España musulmana', *Al-Andalus*, 24 (1959), 125-81.

[311] *galochas* clogs. 'Cierto género de calçado de madera, dichas assí *a gallis*, porque los franceses, especialmente los que abitan en los Alpes, las usan, y los gascones o gavachos, que hazen las palerías y vienen a España, usan destos calçados porque andando en el agua y cieno, abriendo las madres e hijuelas ningún otro calçado podrían traer que les fuesse de provecho' (Cov. s. v. galochas).

[312] *bestia* any riding animal (horses, mules and donkeys).

[313] *LAC* (I, XI, 51-52) shows that not all falconers carried their birds on the same hand, some preferred the left arm and others the right arm. From the iconographic point of view Christian austringers and hunters favour their left fist.

[314] *enridad* urge, incite.

[315] The beginning of this chapter is based on PLA's corresponding one: 'Los gavilanes son [aves de caça muy lindas] e gentiles, e de gran esfuerço' (XLII, 187); JS also imitates it (I, XVIII, fol. 21ᵛ).

[316] That sparrowhawks were the birds preferred by ladies can be seen in *Le Livre de chasse du Roy Modus* (chapter VI). JS, Evangelista's source according to Paz y Melia, did not say that sparrowhawks were used by ladies but:

> E otras aues ay, otros que dizen aletas, *τ* caçan con ellas las damas en Françia destas tales aues non fago mençion en este libro (I, XIX, fol. 23ʳ),

76

muy denodados y, aunque son pequeños, no hay cosa, por grande que sea, que no acometan,[317] y aun, a cuanto matan a tanto sacan el alma, tanto que lo dejan por muerto. Son aves muy frías de invierno y lo debes mandar frisar[318] porque esté caliente, y ponle unos borceguíes de cordobán[319] estofados, y dale cosas calientes, y no le puedes dar cosas más calientes que buenos papos[320] de brasas; y en verano son las cosas más calientes del mundo, y por esto lo has de traer tundidos[321] y le has de dar papos de verdolagas[322] y así tendrás tu gavilán sano. Y le has de dar a roer cada mañana en cosa que no tenga hueso porque, ¡mal pecado!, no tiene dientes,[323] y si fuere un racimo de agraz[324] es muy buena cosa. Son muy malos de pasar en invierno, y por esto no siento con qué mejor los pases

---

and it is included in the chapter devoted to merlins. PLA did not say anything like that but:

> Falcones neblis ha que an lo blanco mucho e muy blanco, e lo al gris, e son falcones llamados en França falcones de dames, que quiere dezir falcones de dueñias [...] E a tales falcones de tal plumaje suelen en Castilla llamar los falconeros e caçadores donzellas, e en França llamanlos blanchartes (I, 66).

[317] PLA said about sparrow hawks: 'E son aves que toman con el gran esfuerço que han algunas vegadas grandes prisiones' (XLII, 188). A similar thing will be said further ahead, but related to eagles: 'Y no hay cosa, por grande que sea, que no osen acometer'.

[318] *frisar* to frizz, to rub.

[319] *cordobán* cordovan. 'La piel del macho o cabrón adereçada' (Cov. s. v. cordován).

[320] *papos* gorge, portion of food. For another meaning see note 198.

[321] *tundidos*: 'Comúnmente llamamos tundir el abaxar el pelo del paño e igualarle con la tixera del oficial que llamamos tundidor' (Cov. s. v. tundir). Evangelista's intention is that the falconer should pluck his bird, and it will not suffer the summer heat.

[322] *verdolaga* common purslane (*Portulaca oleracea L.*); it was said to be cold in the third degree, and that is the reason why it is recommended as a cold gorge.

[323] Play on words based on the confusion of two possible meanings for *roer*, the usual one 'nibble, gnaw' and the specialized one used only among falconers 'to nibble tirings' where tirings (*roedero*) are tough or bony pieces of meat given to a hawk to prolong her meal.

[324] *agraz* sour grape, also unripe grape.

que en cecina,[325] que así se guardará hasta la muda.[326] Lo has de llamar a la mano cada noche a maitines,[327] y no lo llames al pie porque no tome algún resabio,[328] que bien lo sabe hacer. Y desde que sea bien manero,[329] métalo en la muda temprano para que salga por San Juan[330] a los perdigones. Si quieres que mude temprano y en un punto,[331] ten manera de haber agua de mayo[332] y llena una olla nueva de barro de Ocaña y ponla a hervir con leña de taray,[333] y desde

---

[325] *cecina* salty and northwind-dried meat.

[326] Based on PLA: 'E sy en el ynvierno lo quisyeres passar, dale buena casa caliente, e piernas de gallinas e paxarillos' (XLII, 189); and not found in JS.

[327] *maitines* matins.

[328] *resabio* bad habit.

[329] *manero* maned raptor.

[330] July 24th.

[331] *en un punto* at once, inmediately.

[332] Here we can see that Evangelista is recalling a refrain which is collected by Gonzalo Correas in his *Vocabulario de refranes y frases proverbiales y otras fórmulas comunes de la lengua castellana en que van todos los impresos antes y otra gran copia* (Madrid: RAE, 1924): 'agua de mayo mata gocho de un año', 'agua de mayo, pan para todo el año', 'agua de mayo, quita la sarna de todo el año', 'agua de mayo, sáname esta sarna que trayo', 'agua de mayo vale un caballo' (p. 15a). During the XVth century it can be found as ingredient for a philtre in Juan de Mena's *Trescientas*:

> Repuso viendo la mi compañera:
> 'Nin causan amores nin guardan su tregua
> las telas del fijo que pare la yegua,
> nin menos agujas fincadas en çera,
> nin filos de alambre, ni el agua primera
> del mayo bevida con vaso de yedra,
> nin fuerza de yervas, nin virtud de piedra,
> nin vanas palabras de la encantadera
>> (Juan de Mena, *Laberinto de fortuna*, ed. Miguel Ángel Pérez Priego. Austral, 73 [Madrid: Espasa-Calpe, 1989], stanza cx, lines 874-80, pp. 115-16).

Celestina also mentions it (ed. Dorothy S. Severin [Madrid: Cátedra, 1987]): 'Mira no derrames el agua de mayo que me traxeron a confacionar' (act III, p. 146).

[333] *taray* tamarind. MS P₁ uses *grana de saúco* 'elder seed' and M *leña de*

que hirviere a borbollones, tómalo por las pihuelas y lánzalo dentro y sácalo y pasa la mano por encima de él y verá cuán mudado queda tu gavilán. Y para que sepas los buenos de estos qué tales han de ser o de qué talle o plumaje, pregúntaselo a los labradores que los han probado, y te dirán que pelados y asados y barrados de ajos y aceite.[334]

Capítulo XI. De los esmerejones

Esmerejón es una ave muy pequeña y es de plumaje de halcón.[335] Es muy corto de pretina,[336] tanto como de cuerpo. Lo causa que son sietemesinos y las madres los destetan temprano y trabajan temprano. Los mejores de ellos son los machos y las hembras, de los otros debéis hacer poca cuenta. De estos hay muy pocos y menos se curan los cazadores de ellos, porque dicen 'si el petit no es ardit no val res',[337] y caúsalo haber tan pocos porque presumen hacer tanto de su persona que acaban presto. Ellos son grandes caracoleros[338] y andan siempre dos juntos, por ayudarse, y ponen tanta fuerza y descargan sobre el caracol dando suertes al cielo y descendiendo a los abismos que, como los caracoles tengan los cuernos feroces, como sabéis, con el desatino que traen, el uno se lanza por un cuerno y el otro por el otro, y así acaban los más. Los que quedan no tienen ley[339] con nadie y en seguida se van.[340] El remedio para que no se vaya es que

---

laurel 'bay-tree wood'. A ridiculing of the complexity of the pharmacological recipes found in the books of falconry can be seen in this passage.

[334] *barrados* smeared, in this case with olive oil and garlic.

[335] Based on PLA: 'Esmerejones son aves que paresçen en todas sus façiones falcones' (XLIII, 190), and copied by JS (I, XIX, fol. 22ᵛ).

[336] *pretina* waist.

[337] if the young is not brave it is not worth a thing. The proverb is in Catalan.

[338] Play on words where *caracolero* has a double meaning: on one hand it refers to the spirals that falcons of the tower do while they are ringing up to their proper pitch, and on the other hand it refers to hawks trained to hunt snails, where *caracolero* is derived according to the pattern provided by *perdiguero, lebrero*. See notes 200 and 221.

[339] *no tienen ley* they cannot be trusted.

[340] According to PLA 'son aves que ayna se pierden, car son muy bolliçiosos e luego se pierden' (XLIII, 190); JS rewrites it in the following manner: 'E pero nunca vi esmerejon que de un ynvierno passase, luego los perdia' (I, XIX, fol. 23ʳ).

te vayas tú antes de él que él de tí, y así no te quejarás de que se te fue.[341]

Capítulo XII. De los milanos

Los milanos quieren parecer aves de rapiña,[342] y así lo son de cosas muertas, porque dicen que no quiera Dios que saquen alma donde no la pusieron. Son aves de gran cuerpo, lo causa que nacen un año antes que su madre y también tienen deudo[343] con el padre, y bien emplumadas salvo que son muy flojas. Son piadosas y tienen el mal que sabes: 'las alas quebradas y el papo sano'.[344] Son asimismo aves de gran conciencia, que nunca los veréis poner las manos en cosa viva salvo en pollos, y esto hacen porque han piedad de las madres que los crían, que presumen de criar tantos juntos que no los pueden cubrir con las alas y se les salen de debajo y andan muertos de frío, y veréis a los milanos descender a donde los oyen piar y acórrenlos uno a uno y, así, piando, se los meten en el papo a calentarlos, y pían aun dentro del papo, y por eso se dijo: 'tarde piache'.[345] Es-

---

[341] Lost or flown away birds of prey have an elaborate symbology in European medieval literature. See entries BBE 1, 2, 5, 9, and BBG5 in my *BCH*.

[342] Although kites are classify as *accipitridae* they are not used for falconry, and besides they are regarded as scavengers. Arab falconers classify then as non noble. Covarrubias says it is 'ave de rapiña conocida, y ella mesma prisión de las demás aves de altanería' (s. v. milano).

[343] *tener deudo* to be a relative of. 'Vale también parentesco: y assí tener deudo con uno es lo mismo que ser su pariente' (*DA*, s. v. deudo, da).

[344] Proverb. See Gonzalo Correas' *Vocabulario*: 'Mal (El) del milano, las alas quebradas y el papo sano; o las alas caídas y el papo sano' (p. 286b). See also Francisco de Uhagón, *Los libros de cetrería del canciller Pero López de Ayala, de Juan de Sant-Fahagún y de don Fadrique de Zúñiga y Sotomayor* (Madrid: Ricardo Fe, 1889, p. 21), and Eleanor S. O'kane, *Refranes y frases proverbiales españolas de la Edad Media* (Anejos del BRAE, 2 [Madrid: RAE, 1959], p. 151).

[345] Gonzalo Correas' *Vocabulario* explains this proverb on the following way:
    Tarde piache.
        Por hablar o acudir tarde: semejanza del polluelo que estaba
    en el huevo y lo engulló el otro, y chilló en el gaznate; y el pajarillo
    que pía después de cogido, y del que está en el nido y está repartido
    en los otros el cebo que traen los padres, cuando él abre el piquillo
    y pía por comida. Piache se dice a lo enfático y niño, por piaste, de

tos milanos son aves muy frías, si has de cazar con ellos conviene que te los metas a calentar tres días antes en el seno, y después pruébales el agua. Y después pélale porque con la mucha pluma que tenía, el viento le estoba, que no podría volar pico a viento.[346] Y cuando vinieres de caza, el alcándara que le has de hacer es que le pongas boca abajo colgando de una higuera, y verás tus brevas cómo e guardan de los tordos.

Capítulo XIII. De los cernícalos

Cernícalos se llaman porque unos frailes venían teniendo gran prisa en la panadería, andando en busca de ayuda toparon con un ave de estas y le rogaron que les ayudase, y le dieron el encargo que cerniese,[347] y desde que hubo cerni-

---

piar (p. 474a).
Sebastián de Horozco in his *Tesoro universal del proverbios* (ed. José Luis Alonso Hernández [Salamanca: Universidad de Groningen & Universidad de Salamanca, 1986]) glosses the same proverb in this other way:
> 2921. De otra manera / en su sentido
> Fue que uno se sorvia
> un guevo que estava a asar
> que empollado estar devia
> y al tiempo que lo engullia
> diz que oyo al pollo piar
> El dixo agora piays
> boto a tal que yo os despache
> y que aunque no querays
> a lo hondo luego vays
> porque en fin tarde piache (pp. 568-69).

Paz y Melia in his edition (p. 239, note g) quotes another interpretation by Rosal, who says 'Tarde piache, dicen que dixo el vizcaino al pollo que iba vivo en un huevo que sorbia'.

[346] *pico a viento* flight against the wind.

[347] Play on words based on a double meaning that *cerner* has: 'to sieve' on the one hand and 'hover' on the other hand. Covarrubias's explanations are: 'apartar con el cedaço la harina del salvado' (Cov. s. v. cerner) and 'díxose cernícalo de cerner, porque suelen estarse en el aire sin moverse de un lugar, meneando las alas y la cola; lo qual en las aves llaman los caçadores cerner' (Cov. s. v.

do cagó al fraile, y el fraile tomó piedras para matarle, y se fue huyendo al campanario, y por esta causa siempre verás que ellos habitan en lo más alto que ellos hallan.[348] Es una ave cual Dios apiade. Su plumaje de color de buñuelos. No son aves para gastar tiempo en ellas; con todo, creo que matan bien langostas y mariposas.[349] Son aves más frías que las razones que van escritas en este libro. Si tú me crees, no las llames a la mano[350] ni al señuelo sino con un arco cuando están cerniendo en el aire, y vendrán más pronto al suelo. Su vianda es nuégados[351] como muchachos. No los debes dejar olvidar ni de noche ni de día, antes darles veinte o treinta plumas al rato, y que sea pluma de ellos mismos pelándoles cada día un pedazo.

---

cernícalo).

[348] A note that shows an observation of nature, because kestrels nest on high cliffs and buildings.

[349] Another note that shows a perfect birdwatcher, because according to Félix Rodríguez de la Fuente (*Halcones y cernícalos*. Barcelona: Marín, 1978. Cuadernos de Campo, 19) 25% of kestrels diet consists of insects.

[350] According to Paz y Melia in his edition (p. 239, note h) it is a 'proverbio muy conocido en cetrería. Nunca buen gavilan de cernicalo que viene a la mano'. But I am not so sure because raptors are called to come to the falconer's fist by means of shouts and whistles or by means of the lure (*señuelo*).

[351] *nuégados* nougat. 'Cierta golosina para acallar los niños, que se haze de miel y de nuezes, aunque también se haze de almendras, avellanas y piñones y cañamones' (Cov. s. v. nuégado).

Capítulo XIV. De los alcotanes[352]

Los alcotanes, según se visten, me parecen de la orden de Santo Domingo;[353] andan vestidos de prieto y bonetes prietos y al cuello sus capillas[354] blancas que les salen de debajo de las ropas. Siempren andan de dos en dos y cazan dehesas y viñas y panes,[355] y nadie les dice: '¡Mal haces!'. Síguenlas otros mil frailecillos[356] porque piensan que son religiosos. Porque son religiosos no me atrevo a poner lengua en ellos por no errar, pero según el talle de lo que se me puede entender, cazarán bien por monasterios o tales cosas, que no habrá monja que se les vaya socorrida o no socorrida.

Capítulo XV. De las águilas

Las águilas son las aves que más alto vuelan y son señoras de todas las otras. Y no hay cosa, por grande que sea, que no osen acometer cuando están hambrientas, hasta las plumas de ellas son hambrientas, que todas las plumas de

---

[352] MS M talks 'de los alcaravanes' (i. e. stone curlew). I do not give any value to this reading because the stone curlew is not a raptor, and besides that the colour scheme offered by Evangelista is that of the hobby (*Falco subbuteo*). This chapter is a little problematic from the point of view of which book Evangelista used as his model. JS only says: 'Ay otras aves que dizen alcotanes, qujeren paresçer en el bolar neblis, τ matan copadas' (I, XIX, fol. 23ʳ). PLA includes in the table of contents of his work a rubric for a chapter devoted to hobbies, but all the extant manuscripts do not have the text, in the best instance they left enough room to write it at a later date, and the only text about hobbies connected with PLA is that edited by Lafuente y Gayangos in their edition of PLA's *Libro* (Madrid: Sociedad de Bibliófilos Españoles, 1865).

[353] Evangelista is alluding to the Dominicans' habit, which is yellowish white with a black robe.

[354] *capillas* cowl.

[355] *panes* harvest, crops.

[356] Play on words between the diminutive of *fraile* 'friar' and *frailecillo* 'puffin' (*Fratercula artica*), but according to Whinnom (§§ 183, 185, 187 and 545) in Spanish the lapwig (*Vanellus vanellus*), the ringed plover (*Charadrius hiaticula*), the kentish plover (*Charadrius alexandrinus*) and the bullfinch (*Pyrrhula pyrrhula*) are also known as *frailecillo*.

las otras aves se comen donde las pueden alcanzar. Y como sean de gran presa, con la gran vista penetran los cielos y miran arriba y ven a los ángeles pasear por el Paraíso, y como los ven con alas piensan que son aves y se quieren subir a cebarse en ellas, y andan ocho o diez días en el aire pensando alcanzar allá, hasta que se quieren morir de hambre, y desde que están ya cansadas se dejan caer. ¡Guay del ave tras que andan! Si caso fuere que a tu halcón le cayere en suerte dile en seguida este responso: 'A te levavi oculos meos'[357] y tu halcón en seguida estará libre.

Capítulo XVI. De los cuervos[358]

Aunque lo dejamos para la postre,[359] el cuervo fue la primera ave con que los hombres cazaron. Son aves tan negras como sus alas,[360] y de dentro blancas, si no por las tulliduras[361] lo verás. Se llama cuervo por dos cosas que aquí te diré y oirás, que es verdad. La primera en la punta de la lengua la tengo; la segun-

---

[357] This sentence and some others that resemble it (the most spread one is 'Vincit leo de tribu Juda, radix David, alleluya, alleluya', taken from *Apocalipsis* 5, 5) are to be found throughout hawking literature to affirm that no eagle will attack the falcons while they are hunting. See note 54 and my edition of *Antiguos tratados de cetrería castellanos* (Madrid: Caïrel, 1985, pp. 50, 54 notes 114, and 166); JS (fol. 32ᵛ), JV (BNM, MS 3382, IV, x, fols. 176ᵛ-177ʳ). It is worths to recall here story XXXIII of *El Conde Lucanor* (see my edition [Esplugues de Llobregat: Plaza & Janés, 1984] pp. 269-70 where I offer other versions of the story and entries BBD1-5 of my *BCH* for exhaustive bibliographical information).

[358] In MS P₁ only.

[359] *para la postre* for the end.

[360] Evangelista is recalling the proverb 'No puede ser más negro el cuervo que las alas' (Cov. s. v. negra). Correas in his *Vocabulario* includes three different wordings for this proverb: 'No puede ser de negro más que sus alas el cuervo', 'no puede ser más negro el cuervo que sus alas' and 'no puede ser más negro que sus alas el cuervo'. O'kane in her *Refranes*, p. 95 includes it: 'No puede ya más negro ser el cuervo que las alas'.

[361] *tulliduras* mutes, droppings. Evangelista is alluding to, and therefore he is criticizing, all the minute detailed efforts that falconers spent in observing hawk's mutes because they were an excellent way to diagnose all sort of maladies. See *LAC* I, XIII, 103-05; JS fols. 55ʳ-56ᵛ, and JV III, x.

da se me ha olvidado, y por estas dos cosas se me ha olvidado. Son aves muy cortas de vista y de esta causa no se ceban salvo en cosas y prisiones grandes, que las pequeñas no las ven. Siempre se ceban en bueyes o rocines o asnos o ahorcados, y de esto son aves muy tragonas.[362] Las más de las mañanas remanecen[363] con papo, el remedio es darle papa[364] antes de anochecer y remanecerá con papa. Y para que no te remenezca con papo ni con papa, sácale antes de anochecer el papo. También éstas son de las aves que de comer malas viandas crían piedra, más que ninguna; dos remedios hay para sacárselas: lo uno cazar a pedradas como es dicho;[365] y lo otro atestarle de pólvora y echarle fuego, y en seguida la lanzará. Si quieres que mate aves pequeñas como otros halcones, ya te dije que son cortos de vista, los has de acostumbrar con anteojos y verás milagros. Sobre todo no pienses hacer cosa buena si no lo tienes bien purgado según su comer, siempre están ahitos; los has de purgar una vez para siempre y esto guárdalo para cuando murieres, y llévalo contigo al purgatorio y saldréis vos y él purgado para el día del Juicio.[366]

Capítulo XVII. De los halcones asombrados[367]

Si tu halcón estuviere asombrado o espantado no hay mejor remedio que ponerlo al sol y quitarle la sombra,[368] y le podrás decir asolado y no asombrado. Otra cosa se dice espantado, espantado se dice cuando un cazador muy de ruin gesto tiene un halcón, así como hombre narigudo o bisojo[369] o desbarbado o bermejo[370] o crespo[371] o mezquino, que le da carne fiambre[372] u otras malas

---

[362] Evangelista is alluding to the fact that crows feed themselves from carrion.

[363] It is said that a falcon or hawk *remanece* when she did not endew her crop.

[364] *papa* 'son las sopitas blandas que se dan a los niños' (Cov. s. v. papas).

[365] Is to be found on the chapter devoted to *baharíes*.

[366] MSS M and V present this section at the end, when dealing with purges.

[367] In MS P₁ only.

[368] Play on words with the double meaning of *asombrado*: 'to be frighten' and 'to be in the shade'. PLA devotes a whole chapter to this problem (XIV, 118-19). But JS does not even mention it.

[369] *bisojo* cross-eyed.

[370] *bermejo* ginger.

[371] *crespo* curl.

[372] *carne fiambre* cold meat. '*Quasi* friambre, la carne que después de asada

viandas y está espantado ¡cómo Dios le hizo tanto mal que le trajo a manos de tan ruin hombre!. Y para quitarle este espanto has de traer siempre una carátula[373] de buen gesto colgada de la cinta y, cada vez que le quitares el capirote, tengas puesta la carátula para que no vea tu ruin e hijo de ruin gesto, y le harás alguna buena obra de algunos sainetes[374] y así le quitarás la sombra y el espanto a tu halcón.

Cómo se ha de purgar el halcón

Las purgas son muy peligrosas, y por esta causa no debes purgar tu halcón muchas veces, sino púrgale una vez para siempre, y ésta sea para cuando te murieres, que lo lleves contigo al purgatorio y allá purgaréis ambos juntos.[375] Y asiéntalo en la muda y, para que salga más pronto, dale a comer pecados veniales y no mortales, que en seguida se te moriría, y saldrá para el día del Juicio y andarás a cazar con él mientras nuestro Señor entiende en lo de las cuentas.

La manera que has de tener para que tu halcón no sea desconocido: toma la caza que matares y cómetela toda y no le des a él sino la pluma, y de estas manera te conocerá por el más ruin del mundo.

Para que halcón vuele pico al viento haz que siempre tenga el pico metido en una vejiga llena de viento por capirote. Y si quisieres que vuele rabo al viento,[376] métele unos fuelles[377] dentro en el culo y suénaselos[378] a menudo, y así perderá el miedo del viento.

Las filomeras[379] se han de curar de esta manera, pero se me ha olvidado cómo. Con todo lo olvidado o por olvidar, ponle un poco de medicina dos veces

---

o cozida, se come fría, manjar que el estómago le abraça muy mal' (Cov. s. v. fiambre).

[373] *carátula* mask.

[374] It seems to be a play on words with the two possible meanings of *sainete*, both of them are technical terms, one of falconry 'tidbit', and the other from the theatre 'comic sketch'.

[375] He has said it already in the chapter devoted to crows.

[376] *rabo al viento* to fly following the wind, i. e. in the same direction. Cf. *pico a viento*, note 346.

[377] *fuelles* bellows.

[378] *suénaselos* blow the bellows.

[379] *filomeras* filanders.

en donde te apeteciere, y si no sanare, estará por sanar.[380]

Para curar tu halcón si tuviere herida de águila o de otro golpe, ya has oído decir que nuestro Señor Dios puso sus virtudes en las hierbas y en las piedras y en las palabras.[381] Por lo tanto, cuando tu halcón estuviere herido, tomarás muchas piedras y muchas hierbas y muchas palabras, que no faltarán parleros[382] de quien las hayas y por poco dinero. Y muélelo todo y júntalo y haz un emplasto[383] y pónselo encima de la llaga y en seguida estará sano. Pero mira que lo tengas en lugar abrigado, que no le dé el viento, porque no te acaezca el refrán que dicen: 'Palabras y plumas el viento se las lleva',[384] porque tu halcón quedaría sin palabras y sin pluma y no podría volar aunque sanase.

FIN

---

[380] Evangelista is imitating, and therefore satirizing, the final part of most pharmacological chapters that are to be found in falconry treatises.

[381] Is alluding to what it was said at the end of chapter XV. It is also a criticism of the complexity of the pharmacological remedies and their ingredients, herbs, minerals, and spells that many books on falconry recomend to heal birds.

[382] *parleros* talkative, gossipy.

[383] *emplasto* poultice.

[384] Proverb that Correas in his *Vocabulario* collects with two slightly different wordings: 'Palabras y plumas, el viento las lleva' and 'palabras y plumas, el viento las tumba' (p. 379). Juan Valdés in his *Diálogo de la lengua* (ed. Antonio Quilis, Esplugues de Llobregat: Plaza & Janés, 1984) used it too: 'aquí no os rogamos que scriváis, sino que habléis; y, como sabréis, "palabras y plumas el viento las lleva"' (p. 79).